AI 시대의 평등

인공지능총서

인공지능 시대입니다. 기계가 인간의 인지를 대신하고, 사물이 인간을 통하지 않고 다른 사물과 직접 커뮤니케이션합니다. 이에 따른 인간 삶과 문명 변화를 정확히 이해·예측·대응하는 것은 이 시대 우리 모두의 과제입니다. 인공지능총서는 인공지능 기술과 환경의 여러 주제를 10가지 키워드로 정리합니다. 관련 개념과 이론, 학계와 산업계의 쟁점, 우리 일상의 변화를 다룹니다. 인간과 기술의 현재, 미래를 세심히 분석합니다.

일러두기

- 인명, 작품명, 저서명, 개념어 등은 한글과 함께 괄호 안에 해당 국가의 원어를 병기했습니다.
- 외래어 표기는 현행 어문규정의 외래어표기법을 따랐습니다. 다만 '딥러닝', '딥페이크', '커먼즈' 등은 관행을 따랐습니다.

처음이세요?

전문가세요?

AI 시대의 평등

유지연

대한민국, 서울, 커뮤니케이션북스, 2025

AI 시대의 평등

지은이 유지연
펴낸이 박영률

초판 1쇄 펴낸날 2025년 7월 25일

커뮤니케이션북스(주)
출판 등록 2007년 8월 17일 제313-2007-000166호
02880 서울시 성북구 성북로 5-11
전화(02) 7474 001, 팩스(02) 736 5047
commbooks@commbooks.com
www.commbooks.com

ISBN 979-11-430-0765-0 03500

책값은 뒤표지에 표시되어 있습니다.

차례

평등 역설: AI는 정말 평등을 가져다줄 것인가 xi

01 AI 시대의 다원적 평등 1
02 AI 불평등의 구조적 특성과 정의 15
03 인지 격차와 AI 자본의 집중화 25
04 알고리즘 편향과 공정성 환상 35
05 디지털 빈곤과 AI 스코어링 사회 51
06 노동 시장의 AI 혁명과 계층 재편 59
07 알고리즘 권력과 디지털 민주주의의 과제 71
08 AI 리터러시와 교육 기회의 평등화 81
09 포용적 AI 설계: 기술적 접근과 공유지 원리 91
10 AI 거버넌스와 평등한 미래 사회 설계 97

평등 역설: AI는 정말 평등을 가져다줄 것인가

"기술은 그 자체로 선도 악도 아니다. 그러나 중립적이지도 않다."(Kranzberg, 1986)

AI가 평등을 실현할 것이라는 낙관적 기대와 달리 현실에서는 새로운 불평등을 자동화하고 있다. AI 기술의 등장은 막연한 미래 논의가 아니라 현재적이며 긴급한 정책 이슈가 되었다. 본서는 AI 시대의 평등이 지닌 역설과 문제의식에서 출발하여 다원적 평등의 관점으로 AI가 초래한 불평등의 복합적 현실과 그 해결 방향을 제시하고자 한다.

AI 시대 평등의 역설

AI 기술은 본질적으로 인간의 편견과 주관을 배제한 객관적 도구로 여겨져 왔다. 수학적 모델과 기계 학습 알고리즘은 인간보다 냉철하고 공정한 판단을 내릴 것이라는 기대를 받았다. 이러한 믿음은 "수학은 중립적이다"라는 신화에 뿌리를 두고 있다. 하지만 실제로 기술적 산물에도 정치가 있다는 통찰대로(Winner, 1986), AI 또한 완전한 중립 지대에 존재하지 않는다. 오히려 많은 알고리즘은 인간이 입력한 데이터와 설계상의 선택을 통해 편향을 학습한다.

빅데이터 알고리즘이 사회적 약자에게 불리한 결과를 낳는 사례들을 분석한 연구에 따르면, 겉보기엔 객관적인 수학 모델이 어떻게 인간의 편견과 오해를 고스란히 코드화하는지 보여 준다. 이러한 사회를 파괴하는 알고리즘들을 "수학 파괴 무기"라고 부르며, 그 파괴력이 특히 빈곤층과 소수자에게 집중된다고 비판되고 있다 (O'Neil, 2016). 결국 AI는 편견 없는 판관이 아니라 기존 불평등을 은닉한 채 재생산하는 새로운 메커니즘이 될 위험을 안고 있다.

AI 평등의 패러독스는 AI가 한편으로는 공정하고 효율적인 결정으로 사회적 약자를 지원할 잠재력이 있지만, 다른 한편으로는 잘못 설계되거나 관리될 경우 기존의 불공정을 강화한다는 모순을 의미한다. 실제로 일부 기관에서는 AI를 활용해 이력서상의 이름과 성별 정보를 숨김으로써 편견 없는 채용을 시도하고 있고, 방대한 데이터를 분석하여 복지 서비스가 가장 필요한 취약 지역을 찾아내는 등 공정성 제고를 위한 노력도 나타나고 있다.

그러나 이러한 가능성에도 불구하고, 현실에서는 AI 시스템이 편향된 데이터를 학습하여 오히려 불공정을 자동화하는 사례들이 드러나고 있다. 자동화된 채용 알고리즘이 데이터 속 편향을 학습한 나머지 특정 성별이나 인종 지원자를 조직적으로 탈락시키는 문제가 보고되었으며(O'Neil, 2016), 교육 현장에서 학생 성적을 예측하는 알고리즘이 취약 계층 학생들에게 오히려 낙인을 찍는 결과를 초래한 일도 있었다.

우리는 AI가 인간의 인지적 한계를 보완해 인지 격차(cognitive divide)를 줄여 줄 것이라 기대했지만, 정작 복잡한 알고리즘의 작동 원리를 이해하지 못하는 사람과 이를 능숙히 활용하는 사람 사이에 새로운 지식 격차가 벌어지고 있음은 아이러니다. 실제로 AI 활용 능력과 디지털 소양의 차이는 사회 경제적 지위에 따라 커지고 있으며, 이는 곧 지식 권력의 새로운 격차로 이어진다. 기술을 이해하고 능숙하게 다루는 집단이 그렇지 못한 집단보다 더 많은 혜택과 기회를 누리는 디지털 지식 불평등이 심화되고 있는 것이다.

이렇듯 AI 시대의 평등은 단순한 기술 낙관론으로 담보되지 않는다. 오히려 더 면밀한 감시와 성찰을 요구한다. 첨단 기술 속에 숨은 인종적 불평등의 구조를 가리켜 겉보기에는 공정해 보이지만 실은 차별을 지속하는 새로운 코드, 즉 '뉴 짐 코드(New Jim Code)'라고 경고하는 연구도 있다(Benjamin, 2019). AI가 만들어 내는 결과가 왜 그리고 누구에게 유리하거나 불리한지 묻지 않는다면 우리는 과거보다 더 심층적이고 눈에 보이지 않는 불평등에 길들여질 수 있다.

결국 AI를 둘러싼 공정성과 책임성의 문제를 외면한다면 우리는 보이지 않는 차별 구조가 사회 곳곳에 스며드는 것을 방치하게 될 것이다. 이러한 역설을 직시하고 해결책을 모색하는 일은 더 이상 미룰 수 없는 공동의 과제다.

자동화된 불평등과 데이터 자본의 집중

정보 기술의 발전은 새로운 평등의 기회와 함께 디지털 격차(digital divide)라는 개념을 등장시켰다. 1990년대 후반 인터넷과 PC의 보급이 확산되던 시기, 컴퓨터와 네트워크에 대한 접근성 차이가 교육과 소득의 차이로 이어지는 현상이 주목받았고 각국 정부는 디지털 접근성 확대를 주요 과제로 삼았다. 스마트폰 보급 등으로 물리적 접근 격차는 상당 부분 해소되었지만, 기술 활용 능력과 정보 이용 역량의 차이에 따른 격차는 지속되어 왔다.

이러한 정보 격차는 단순한 기술 문제가 아니라 사회 구조적 불평등의 반영이자 원인으로 작용한다는 지적이 제기되었다(Van Dijk, 2020). 이제 AI의 시대에 이르러 우리는 이전과는 또 다른 차원의 지능 정보 격차와 알고리즘 불평등을 마주하고 있다.

첫째, 알고리즘에 의한 자동화된 의사 결정은 복지, 고용, 금융 등 여러 분야에서 불평등을 시스템적으로 심화할 수 있다. 미국의 복지 행정에 도입된 알고리즘 시스템이 가난한 이들을 돕기보다 지원 배제와 감시의 디지털 빈민원이 되었음을 보여 주는 연구가 있다(Eubanks, 2018). 인간 복지사가 담당하던 평가를 기계가 대체하면서 취약 계층은 오히려 이전보다 더 큰 투명성의 부재와 대응 불가능한 결정에 직면하게 되었다.

실제로 인디애나주에서 복지 행정을 민영화 · 자동화한 결과, 불과 3년 만에 복지 혜택 지급 거부율이 50% 이상 급증하여 수많은 빈곤층이 정당한 지원에서 배제된 사례도 보고되었다(Eubanks, 2018). 이같이 기술을 통해 빈곤층을 관리 · 통제하는 시스템을 19세기 빈곤층 격리 시설인 구빈원(poorhouse)에 빗대어 현대의 '디지털 빈민원'이라 명명한 연구도 있다. 이러한 자동화된 불평등(automated inequality)은 기존의 차별을 은폐한 채 객관성의 외피를 쓰고 진행되기에 더욱 문제적이다.

둘째, AI 시대에는 부와 권력이 데이터 및 AI 자본(AI capital)에 편중되는 현상이 뚜렷하다. AI 개발에는 막대한 데이터, 고성능 컴퓨팅 인프라, 첨단 인재가 요구되는데, 이러한 자원은 일부 글로벌 대기업과 소수 선진국에 집중되어 있다. AI 분야의 자본 집중은 혁신을 가속화하는 원동력이기도 하지만 동시에 기술 격차를 벌이는 구조적 요인이다. 거대 기술 기업들이 우리의 일상 데이터를 수집·분석하여 경제적 가치를 독점하는 감시 자본주의 현상은 AI 시대의 부가 어떻게 소수에게 쏠리는지를 보여 준다(Zuboff, 2019).

실제로 전 세계의 AI 연구 개발 투자와 특허의 상당 부분이 미국과 중국 등 일부 강대국에 편중되어 있으며, AI 인프라와 전문 인력도 극소수 기업과 국가가 선점하고 있다는 지적이 있다. 그에 따라 기술적 주도권이 특정 주체에게로 쏠리면서 세계의 다른 지역이나 사회적 주변부는 AI 시대의 주변화를 겪을 우려가 크다. AI 기술의 혜택을 거의 누리지 못한 채 데이터 원천이나 시장으로만 간주되는 이러한 디지털 종속 현상이 심화된다면, 국제적·계층적 불평등은 더욱 구조화될 것이다.

결국 AI 시대에는 디지털 빈곤층과 디지털 엘리트층

사이의 새로운 격차가 벌어질 것이라는 우려도 나온다. 디지털 격차가 결국 기존의 사회 불평등을 강화한다는 지적이 있는데(Van Dijk, 2020), 특히 코로나 19 팬데믹을 거치며 교육, 노동 등 여러 영역에서 디지털 기술 의존도가 높아지자 기술 접근과 활용 능력의 차이가 곧바로 삶의 격차로 연결되는 현실이 확인되었다. 이러한 경험은 AI 시대에 디지털 포용 정책이 왜 더욱 중요한지를 잘 보여 준다.

셋째, AI는 사회 통제와 평가의 도구로 활용됨으로써 새로운 형태의 계층화를 낳고 있다. 알고리즘을 통한 점수화 시스템－예컨대 개인의 신용 평가, 학생 성과 예측, 채용 적합도 산출, 나아가 국가 차원의 사회 신용 점수－이 광범위하게 도입되고 있다. 이러한 AI 점수화는 표면적으로는 효율성과 객관성을 내세우지만, 그 기준과 과정이 불투명할 경우 기존 약자에게 낮은 점수가 할당되고 기회가 봉쇄되는 구조로 작동한다(O'Neil, 2016).

일례로 범죄 위험도 예측 알고리즘이 과거의 편향된 범죄 데이터를 학습하여 특정 인종이나 지역에 대해 과도한 경보를 발령한 사례가 보고되었다. 또 다른 예로, 일부 사회에서는 개인의 일상 행동을 종합적으로 평가해 등급화하는 사회 신용 시스템까지 시범 운영되고 있다. 이는 개인의 경제 활동과 사회 참여를 점수로 통제함으로써 시민 생활 전반을 규율할 위험을 내포한다.

더욱이 알고리즘 점수화의 가장 큰 문제는 자기실현적 예언 효과다. 낮은 점수를 받은 개인이나 지역은 그로 인해 교육, 고용, 금융 등 다양한 기회에서 추가적인 불이익을 받고, 이는 다시 낮은 평가로 이어지는 악순환이 발생할 수 있다. 한번 낙오된 사람은 자동화된 평가 체계에서 영구히 낮은 계층으로 고착되는 디지털 계급 사회가 초래될 수 있다는 우려다. 광범위한 데이터 수집과 알고리즘 의존이 민주적 책임성의 약화와 권력의 불균형으로 이어질 수 있다는 지적도 있다(Andrejevic, 2020). 자동화된 감시 사회에서는 시민들이 언제 어떻게 감시되고 차별받는지 알기 어렵고, 기술 권력에 대한 민주적 통제가 약화된다. 결국 AI에 의한 불평등은 단순히 개인적 불운의 문제가 아니라 사회 전체의 민주주의의 질과 직결된 문제임을 알 수 있다.

이처럼 AI가 가져온 불평등의 지형은 과거의 디지털 격차와 닮은 부분이 있으면서도 훨씬 복합적이고 심층적인 도전이다. 과거에는 기술에 접근할 수 있느냐 없느냐의 문제가 주요했다면 이제는 모두가 기술을 접할 수 있는 시대에 누가 기술을 소유하고 통제하는지, 기술 결정이 누구의 이익을 대변하는지가 핵심이 되었다. AI 시대의 불평등은 접근, 활용, 통제, 결과 모든 단계에 걸쳐 나타나고 있으며, 그로 인한 사회적 충격은 정책적으로 관리되지 않으면 심각한 자동화된 불공정 사회로 이어질 수 있다. 이런 현실은 우리가 평등을 바라보는 관점 자체를 전환하도록 요구한다.

다원적 평등관과 포용적 AI 설계

AI 시대의 불평등 문제가 이처럼 복잡하기에, 우리가 지향해야 할 평등의 개념 또한 단일한 척도가 아닌 복합적인 틀에서 재정의되어야 한다. 전통적으로 평등 담론은 주로 자원이나 기회의 균등한 분배에 초점을 맞추어 왔다. 정의로운 사회를 위해 기본 재화의 분배는 최소 수혜자에게 최대 이익이 되도록 설계해야 한다는 원칙은 사회 제도의 설계 원칙으로 형평성을 강조한 것이다(Rawls, 1971).

그러나 AI가 중추적 역할을 하는 세상에서는 단순히 자원의 분배만으로 정의를 보장할 수 없다. "어떤 면에서의 평등인가?"라는 물음을 던지며 사람들이 실질적으로 가치 있게 여기는 역량(capability)에 주목해야 한다는 관점이 중요하다(Sen, 1992). AI 시대의 평등을 논할 때에도, 형식적인 기술 접근 기회가 평등한지를 넘어 각자가 AI를 활용하여 삶의 질을 높일 수 있는 실질적 역량을 갖추었는지를 살펴보아야 한다.

예컨대 첨단 AI 교육 프로그램이 모든 학교에 보급되더라도 학생과 교사의 디지털 활용 역량에 큰 차이가 있다면 교육 현장의 평등은 달성되기 어렵다. 기술적 수단의 보급만으로는 부족하며, 그것을 사용할 수 있는 능력과 환경까지 고려해야 함을 보여 주는 사례다. 따라서 교육 정책에서도 전 사회적으로 디지털 활용 능력을 제고하고 AI 소양 교육을 강화함으로써 AI로 인한 인지 격차를 완화하려는 노력이 필요하다. 모든 시민이 알고리즘의 기본 원리와 데이터 활용법을 이해하도록 함으로써 AI 시대에 역량의 평등을 실현할 수 있을 것이다.

다원적 평등관의 핵심은 평등이 분배적 차원 외에도 인정과 참여의 차원을 포함한다는 통찰이다. 사회적 정의를 이루기 위해 물질적 분배뿐 아니라 문화적 인정과 정치적 참여가 함께 보장되어야 한다는 관점에 따르면, 참여의 동등(parity of participation)이란 모든 구성원이 사회적 상호 작용과 의사 결정에 대등하게 참여할 수 있는 지위를 갖는 것을 의미한다(Fraser, 1997).

AI의 사례로 보면 알고리즘이 특정 집단을 부정확하

게 표현하거나 편향되게 대할 때 이는 인정의 결여에 해당하며, 그 집단 구성원들의 존엄과 권리에 대한 침해다. 실제로 얼굴 인식 AI가 유색 인종 여성의 얼굴을 제대로 인식하지 못해 그들을 피의자나 잠재적 위협으로 잘못 분류한 사례들은, 기술의 편향이 한 사회 집단의 정체성을 온전히 인정하지 못한 단적인 예라 할 수 있다.

또한 어떤 집단의 관점이나 이해관계가 AI 시스템의 설계 과정에서 배제된다면, 이는 참여의 불평등으로서 기술 결정에 대한 민주적 정당성을 약화한다. 예를 들어 AI 개발 과정에 여성이나 소수 인종, 장애인 등 다양한 집단이 충분히 참여하지 못하면 그들의 요구와 관점이 반영되지 않아 결과적으로 해당 기술이 특정 집단에게 불리하게 작용할 소지가 크다.

따라서 AI 시대의 평등은 단순히 결과의 평등이 아니라 과정의 평등과 관계적 평등을 포괄하는 개념으로 확장되어야 한다. 이것은 한편으로 정책 입안자들이 알고리즘 투명성, 공정성 평가, 차별 금지 등의 기준을 수립하고 지속적인 감독과 감사 제도, 알고리즘의 사회적 영향 평가와 자동화 결정에 대한 인간 개입 원칙 등을 도입해야 함을 의미한다.

동시에 기술 개발자들은 포용적 설계 원칙을 채택하

여 다양한 배경의 사용자와 이해관계자의 목소리를 반영하고 잠재적 편향을 사전에 제거하는 노력을 기울여야 한다. 기술 설계에는 사회의 가치가 담기기 마련이기에(Winner, 1986) 처음부터 윤리적이고 포용적인 가치가 코딩된 AI를 지향해야 할 것이다.

이미 여러 나라와 국제기구에서 AI 윤리 원칙과 신뢰할 수 있는 AI 프레임워크를 발표하고 알고리즘 투명성에 관한 법안을 논의하는 등 이러한 변화에 대응하기 위한 움직임이 시작되고 있다. 기술 업계에서도 알고리즘 공정성 감사를 도입하고 데이터 편향을 줄이는 도구를 개발하는 등 책임 있는 AI를 만들기 위한 시도가 나타나고 있다. 물론 선언적인 윤리 원칙만으로는 충분하지 않으며, 이러한 원칙을 구체적인 설계 기준과 법적 규제로 전환하여 실효성을 확보하는 작업이 뒤따라야 한다.

궁극적으로 AI는 21세기의 거대한 변혁을 이끄는 동력이지만 그 방향은 전적으로 우리의 선택에 달려 있다. 평등의 가치가 제대로 녹아든 AI는 사회적 약자의 목소리를 대변하고 모두에게 힘이 될 수 있지만, 아무런 제어 없이 방치된 AI는 불평등의 수렁을 더욱 깊게 파는 삽이 될 것이다. 고로 AI 시대 평등은 어떻게 다시 설계되는가라는 물음은 단순한 학술적 호기심이 아니라 우리의 눈

앞에 닥친 현실 과제로서 제기된다.

AI 시대의 평등을 새롭게 설계하는 일은 더 나은 미래를 위해 반드시 수행해야 할 과제이며 이를 위해 정책 입안자, 기술 개발자, 시민 사회 모두의 지혜와 협력이 요구된다. 이제는 AI 시대의 평등을 구현하기 위한 담대한 상상력과 실천이 요구된다. 부디 본서가 그러한 노력의 기초가 되기를 기대한다.

참고문헌

Andrejevic, M.(2020). *Automated Media*. Routledge.

Benjamin, R.(2019). *Race After Technology: Abolitionist Tools for the New Jim Code*. Polity Press.

Eubanks, V.(2018). *Automating Inequality: How High-Tech Tools Profile, Police, and Punish the Poor*. St. Martin's Press.

Fraser, N.(1997). *Justice Interruptus: Critical Reflections on the 'Postsocialist' Condition*. Routledge.

Kranzberg, M.(1986). Technology and History: 'Kranzberg's Laws'. *Technology and Culture, 27*(3), pp.544~560.

O'Neil, C.(2016). *Weapons of Math Destruction: How Big Data Increases Inequality and Threatens Democracy*. Crown.

Rawls, J.(1971). *A Theory of Justice*. Harvard University Press.

Sen, A.(1992). *Inequality Reexamined*. Harvard University Press.

Van Dijk, J.(2020). *The Digital Divide*. Polity Press.

Winner, L.(1986). *The Whale and the Reactor: A Search for Limits in an Age of High Technology*. University of Chicago

Press.

Zuboff, S.(2019). *The Age of Surveillance Capitalism: The Fight for a Human Future at the New Frontier of Power.* PublicAffairs.

01
AI 시대의 다원적 평등

"미래는 이미 와 있다. 단지 널리 퍼져 있지 않을 뿐이다." 기술 혁신이 가져온 변화는 모든 이에게 동시에 도달하지 않는다. 오늘날 AI와 디지털 기술의 혜택은 경제적, 지리적, 교육적 격차에 따라 불균등하게 분배되며 기술 발전이 오히려 새로운 형태의 사회적 분열을 야기하고 있다.

AI와 1인 창업?

전통적 평등관의 한계와 '평등의 역설'

평등은 역사적으로 정치 · 법률적 권리의 동등함이나 자원의 균등 분배 등 다양한 형태로 논의되어 왔다. 전통적 평등관은 대체로 개인 간 동일한 대우와 기회의 균등을 강조해 왔는데, 이는 모든 사람을 동일한 기준으로 취급함으로써 형식적 공정을 구현하려는 이상이었다. 그러나 AI 개발과 사회 적용의 맥락에서 이러한 전통적 평등 개념은 예상치 못한 한계에 직면하고 있다. 알고리즘 편향 문제는 그 대표적인 예다. AI 시스템은 방대한 데이터에 기반하여 의사 결정을 내리지만, 이 데이터에 내재한 기존의 편견과 구조적 불평등을 그대로 답습하거나 증폭할 수 있다. 예컨대 채용, 신용, 형사 사법 등의 영역에서 활용되는 알고리즘이 인종이나 성별에 따른 차별적 결과를 산출한 사례들이 보고되었는데, 이는 겉보기에는 모두에게 동일하게 적용되는 자동화된 결정 과정이 실제로는 특정 집단에 불리하게 작용함을 보여 준다(O'Neil, 2016). 버지니아 유뱅크스(Virginia Eubanks)는 이러한 현상을 "자동화된 불평등"이라고 묘사하면서 공공 서비스에 도입된 데이터 알고리즘이 오히려 사회적 약자를 표적으로 삼고 불이익을 가중한 사례들을 상세히 제시했다(Eubanks, 2018).

이렇듯 AI는 누구에게나 중립적이고 객관적으로 적용될 것이라는 통념과 달리, 사회에 내재한 불평등 구조를 자동화하고 강화할 위험성을 지닌다. 평등의 역설이라 부를 만한 상황이 나타난 것이다. 즉, AI 알고리즘이 모두를 똑같이 대한다는 명목하에 차이를 고려하지 않는 일률적 접근을 취할 때 오히려 기존의 격차를 은폐하거나 심화해 예기치 않은 불평등을 초래하는 모순적 결과가 발생한다. 고전적 의미에서 "모든 인간은 평등하다"는 이상은 AI 시스템 속에서 구현되는 듯 보이지만, 그 결과는 사회적 약자에게 더욱 불리하게 작용하여 평등 추구의 본래 목적을 무색하게 만들고 있다. 우리는 전통적 평등 개념 – 형식적 평등이나 산출의 평등 등 단일 차원의 평등 추구 – 만으로는 AI 시대에 발생하는 새로운 불평등을 해결하기 어렵다는 것을 인식하게 된다. 다시 말해 불평등한 현실을 무시하고 모두에게 동일 기준을 적용하는 것은 결국 더 큰 불평등을 초래한다. AI 발전이 가져온 이러한 평등의 역설은 한편으로 기존 평등 담론의 한계를 드러내고, 다른 한편으로 보다 복합적이고 현실적인 평등 개념을 모색해야 할 필요성을 제기한다. 따라서 이제 우리는 다양하게 나타나는 AI 격차와 불공정을 포착할 수 있는 새로운 이론적 틀을 요청받고 있다.

다원적 평등 개념의 필요성과 의미

AI 시대에 부합하는 새로운 평등의 틀로서 다원적 평등 개념이 대두된다. 다원적 평등이란 사회적 평등을 하나의 기준이나 결과로 환원하지 않고, 다차원적 가치와 영역을 종합적으로 고려하는 평등관을 의미한다. 이는 철학자 마이클 월저(Michael Walzer)가 주장한 바와 같이 사회는 여러 정의의 영역(spheres of justice)으로 이루어져 있으며 각 영역마다 상이한 평등 원리가 적용되어야 한다는 인식과 맥을 같이한다(Walzer, 1983). 다시 말해 정치적 권리, 경제적 자원, 교육과 정보 접근, 문화적 인정 등 사회의 다양한 차원에서 상이한 형태의 평등을 동시에 추구해야 한다는 것이다. AI 발전으로 인한 불평등 문제 역시 복합적이기 때문에 단일 지표나 단일 영역의 평등만 강조해서는 그 실상을 제대로 파악하거나 개선하기 어렵다.

다원적 평등이 필요한 이유는 AI 시대의 불평등이 복합적인 성격을 띠기 때문이다. 첫째, AI 기술 접근 및 활용 면에서의 불평등이 존재한다. 이는 전통적인 디지털 격차가 심화된 양상으로, 디지털 빈곤을 겪는 계층은 적절한 기기와 인터넷 접속, 그리고 AI를 활용할 기술 역량을 갖추지 못해 현대 사회의 기회로부터 소외될 위험이 있다. 실제로 영국의 디지털 빈곤 연합(Digital Poverty Alliance)은 약 1900만 명에 달하는 인구가 디지털 기기, 연결성, 기본 역량의 부족으로 AI 혁신의 혜택을 누리지 못하는 디지털 빈곤 상태에 있다고 지적하며, 이러한 격차가 방치될 경우 AI 기술이 기존 취약 계층을 더욱 뒤처지게 만들 수 있다고 경고한다(Digital Poverty Alliance, 2024). 둘째, AI 알고리즘이 만들어 내는 결과의 편향과 차별 문제가 있다. 이는 기술 설계 및 데이터 구성 단계에서 비롯된 것으로 단순히 기술에 대한 접근 기회만 균등하다고 해서 해결되지 않는다. 알고리즘 편향으로 인한 차별적 결과에 대응하려면 공정한 알고리즘 설계, 데이터 다양성 확보, 윤리적 가이드라인 마련 등 절차적 · 구조적 평등까지 고려해야 한다. 셋째, AI 시대의 평등에는 인지적 차원의 문제가 포함된다. AI와 데이터에 대한 이해력의 격차, 즉 인지 격차가 새로운 불평등으로 떠오르고 있는데, 개인이나 집단마다 첨단 기술을 이해하고 감시하며 활용할 수 있는 능력이 다르기 때문에 발생한다. 한 연구에서는 연령이나 소득 수준에 따라 AI 결과의 차별성을 인지하는 능력에 현격한 차이가 있음이 나타났는데, 나이가 많거나 저소득층일수록 AI 결정의 부당함을 알아채는 인지적 이해가 부족한 경향이 있었다

(Kim, 2024). 이러한 인지 격차는 AI에 의한 차별을 알아차리고 시정 요구를 할 역량의 불평등으로 이어져 결과적으로 기술 혜택의 공정한 분배를 더욱 어렵게 만든다. 이처럼 AI로 인한 불평등은 접근 기회의 문제, 결과 산출의 문제, 인지적 이해와 통제력의 문제 등이 복합적으로 얽혀 있다.

다원적 평등 개념은 이러한 복합적 불평등에 대응하기 위한 이론적 틀이다. 이는 형식적 평등(모든 사람을 동일하게 대우함)과 실질적 평등(사회적 약자를 고려하여 결과의 평등을 도모함)의 이분법을 넘어 다양한 차원의 공정성과 균등한 역량 보장을 모두 포괄한다. 다원적 평등하에서 정책 입안자와 기술 개발자는 단순히 모든 이에게 같은 알고리즘을 적용하는 데 그치지 않고, 알고리즘이 사회 집단별로 어떠한 상이한 영향을 미치는지를 살펴야 하며 교육 · 노동 · 의료 등 각 분야에서 AI로 인한 혜택과 부담이 공정하게 나누어지도록 노력해야 한다. 따라서 다원적 평등을 구현하려면 알고리즘 투명성과 책임성의 확보(절차적 정의), 소수자 데이터의 반영과 포용성 강화(분배적 평등), 전반적인 AI 리터러시 교육 확대(능력 형성의 평등) 등이 함께 추진되어야 한다. 이렇듯 다원적 평등은 AI 시대 불평등의 다층적 원인에 대응하여 여러 가치 지표를 병행적으로 추구하는 접근이라 할 수 있다. 물론 이러한 접근에는 추상적 원칙에 머무를 위험성과 실천상의 복잡성이 따르지만, 평등의 역설을 극복하기 위해서는 평등 개념을 다층적으로 재구성해야 한다. 이러한 이론적 작업에 큰 단서를 제공하는 사상적 도구로 역량 접근(capability approach)이 주목된다.

AI 시대 불평등에 대한 역량 접근법

경제학자 아마르티아 센(Amartya Sen)이 제창한 역량 접근법은 인간의 복지와 평등을 평가할 때 자원이나 소득이 아니라 각 개인이 실제로 할 수 있는 일과 될 수 있는 상태, 즉 역량에 주목한다(Sen, 1992). 센은 전통적인 평등 논의가 모든 사람에게 동일한 재화를 분배하거나 동일한 기회를 부여하는 데 집중한 나머지, 정작 각 개인이 그 재화와 기회를 통해 무엇을 실현할 수 있는가라는 근본적인 질문을 간과했다고 지적한다. 예컨대 동일한 교육 기회나 동일한 금전 지원이 주어져도 개인의 건강, 재능, 사회적 환경에 따라 그것을 활용하여 성취할 수 있는 실질적 자유는 크게 달라질 수 있다. 따라서 형식적 기회 평등만으로는 진정한 의미의 평등을 담보하지 못하며, 사람들이 실제로 이루는 성취와 이를 가능하게 하는 역량의 분포를 살펴야 한다는 것이 역량 접근법의 핵심 주장이다.

이러한 역량 접근법은 AI 시대의 불평등을 분석하는 데에도 강력한 통찰을 제공한다. AI로 인한 혜택과 피해는 단순히 기술에 대한 접근권 유무나 소득 격차로만 규정되지 않고, 사람들이 AI를 통해 어떤 기능을 달성할 수 있게 되었는지 혹은 반대로 어떤 기능을 제약당하고 있는지를 고려하여 파악해야 한다는 것이다. 다시 말해 AI 시대의 평등을 논할 때 핵심은 사람들이 AI를 통해 무엇을 할 수 있게 되었고 무엇을 할 수 없게 되었는가를 평가하는 일이다. 예를 들어 한 사회에 최신 AI 서비스나 제품이 도입되었다 해도 모든 계층이 그것을 동등하게 활용하여 삶의 질을 개선할 수 있는 것은 아니다. AI 활용 역량이 높은 집단은 교육 · 경제 등 여러 측면에서 AI를 적극 활용함으로써 생산성 향상이나 편익 증대의 혜택을 크게 누릴 수 있는 반면, 역량이 부족한 집단은 같은 기술 환경에서도 별다른 이득을 얻지 못하거나 오히려 부정적 영향에 취약할 수 있다. 이러한 차이는 능력의 불평등으로 조명될 수 있으며, 역량 접근법이 주목하는 관점이기도 하다.

더욱이 역량 접근법은 AI로 인해 새롭게 등장한 불평등의 독자적 특성을 드러내 준다. 과거의 디지털 격차가 주로 인터넷 연결 여부나 컴퓨터 보유 여부 같은 이분법적 접근성 문제였다면, AI 시대의 불평등은 기술 접근 이후의 질적 격차에 방점이 찍힌다. 일단 모두가 온라인에 접속할 수 있는 환경이 조성되더라도 누가 더 고급 AI 도구를 다룰 수 있는지, 누가 AI 의사 결정 과정에 영향력을 행사할 수 있는지, 어떤 집단의 데이터와 가치가 알고리즘에 반영되는지 등에 따라 새로운 격차가 발생한다. 유네스코 또한 이러한 'AI 격차' 현상을 지적하며 기술 혜택에서 소외되는 계층에 대한 우려를 표한다(UNESCO, 2024). 이러한 AI 격차는 전통적인 디지털 격차와 달리 단순히 인프라 보급만으로는 해소되지 않는다는 특징을 지닌다. 사회 구성원 각자의 역량 개발, 교육 수준, 정보에 대한 접근과 비판적 이해 능력 등이 총체적으로 작용하여 결정되는 격차이기 때문이다. 역량 접근법은 바로 이러한 질적 차원에 주목함으로써 AI 시대 평등 담론이 나아갈 방향을 제시한다.

한편 AI 자본의 집중은 역량 관점에서 본 AI 불평등의 핵심 요소다. 오늘날 AI를 개발하고 활용하는 데 필요한 자원－예컨대 방대한 데이터, 고도의 연산 능력, 전문 인력—은 소수 빅 테크 기업과 선진국에 집중되어 있다. 이러한 AI 자본의 독점적 소유는 경제적 부와 권력의 새로운 편중을 야기한다. 한 연구(Huang & Manning, 2025)는 AI 자본을 극소수가 독점할 경우 기존 부의 불평등이 비약적으로 심화될 것이라고 경고한다. 역량 접근법의 관점에서 이는 곧 사회의 집합적 역량이 일부에만 집중되고 다수가 그 혜택을 누릴 역량을 박탈당하는 상황으로 해석될 수 있다. 소수 기업과 국가만이 첨단 AI를 개발·운용할 수 있는 역량을 지닌다면, 민주 사회 전체로 볼 때 이것은 역량의 불평등이자 기능 향유 기회의 불평등이다. 따라서 AI 자본의 쏠림을 완화하고 AI 개발·응용 역량을 사회 전반에 확산시키는 것이 AI 시대 평등의 중요한 과제가 된다. 예를 들어 공공 연구 지원과 오픈소스 AI 모델의 개방, 데이터 공유 인프라 확충, 중소기업과 개발 도상국의 AI 접근성 향상 등은 역량의 평등한 분배를 추구하는 정책이라 할 수 있다.

또한 역량 접근법은 AI 알고리즘의 자동화된 의사 결정이 초래하는 불평등을 새로운 시각에서 이해하게 한다. AI가 채용 여부를 결정하거나 대출 한도를 책정하고 범죄 재범 위험을 예측하는 등 다양한 사례에서 자동화된 판단은 사람들의 삶에 직접적인 영향을 미친다. 만약 이러한 알고리즘이 일부 집단에게 조직적으로 불리하게 작용한다면, 그것은 그 집단 구성원들이 교육 · 취업 · 안전 등 삶의 중요한 영역에서 역량을 발휘할 기회를 빼앗는 결과가 된다. 역량 접근법은 이처럼 AI로 인한 기회 구조의 왜곡을 단순한 기술적 오류나 실수가 아니라 인간으로서 갖추어야 할 기본적 역량의 불평등한 상실로 간주한다. 따라서 AI 윤리와 거버넌스에서 목표로 삼는 공정성(fairness)의 의미 또한 통계적 형평을 맞추는 것을 넘어 인간의 핵심 역량을 보장하는 것으로 확장되어야 한다는 함의를 제공한다.

정리하면 센의 역량 이론은 AI 시대에 나타나는 다층적 불평등을 총체적으로 분석하고 교정하는 데 유용한 철학적 프레임워크를 제공한다. 이는 다원적 평등 개념과 맥을 함께하며 평등을 각자의 기능과 역량을 균등하게 보장하는 상태로 격상한다. 모든 사람이 AI 발전의 혜택을 실질적으로 누리게 하려면 사회는 단순한 디지털 접근성을 넘어 디지털 역량의 평등한 신장을 목표로 삼아야 한다. 예컨대 AI 활용 교육을 확대하고 취약 계층에 대한 맞춤형 디지털 지원을 제공하며, 알고리즘 투명성과 공공 참여를 제도화하는 등의 노력이 그러하다. 이는 결국 인간의 자유와 선택 기회의 평등한 증진을 지향하는 것으로 역량 접근법의 궁극적 지향과도 맞닿아 있다. AI 시대의 평등 문제는 더 이상 기존의 단편적 척도로는 해결될 수 없다. 기술 · 사회 · 개인의 능력이 교차하는 지점에서 형성되는 복잡한 불평등에 대응하기 위해, 본서에서 논의한 다원적 평등과 역량 접근의 개념적 토대는 향후 정책과 담론의 방향을 제시하는 나침반 역할을 할 것이다. 평등의 역설을 넘어 AI 시대에 걸맞은 평등을 실현하기 위해서는 다양한 분야의 목소리와 지혜를 결집한 새로운 사유의 틀이 필요하며, 다원적 평등 이론은 그 초석이 될 것이다.

참고문헌

Digital Poverty Alliance(2024). Rethinking Education with Generative AI(Report).

Eubanks, V.(2018). *Automating Inequality: How high-tech tools profile, police, and punish the poor.* St. Martin's Press.

Huang, S. & Manning, S.(2025). Here's how to share AI's future wealth. *Noema Magazine.*

Kim, S.(2024). Perceptions of discriminatory decisions of artificial intelligence: Unpacking the role of individual characteristics. arXiv preprint, arXiv:2410.13250.

O'Neil, C.(2016). *Weapons of math destruction: How big data increases inequality and threatens democracy.* Crown.

Sen, A.(1992). *Inequality reexamined.* Harvard University Press.

UNESCO(2024). AI literacy and the new Digital Divide – A global call for action.
Walzer, M.(1983). S*pheres of justice: A defense of pluralism and equality*. Basic Books.

02
AI 불평등의 구조적 특성과 정의

"모든 동물은 평등하다. 그러나 어떤 동물들은 다른 동물들보다 더 평등하다." AI 시대의 평등 약속 이면에는 새로운 형태의 계층화가 숨어 있다. 기술 접근성과 데이터 소유권에 따라 어떤 이들은 다른 이들보다 "더 평등한" 혜택을 누리며, 알고리즘이 만드는 보이지 않는 차별이 평등의 환상을 은폐하고 있다.

AI와 MBTI?

AI 불평등의 개념 정의

AI 불평등이란 인공지능 기술의 개발, 배포, 활용 과정에서 발생하거나 강화되는 사회·경제적 격차를 의미한다. 이는 단순히 기술에 대한 접근 여부의 문제를 넘어서 AI 시스템이 사회 구조 속에서 작동하면서 기존의 불평등을 재생산하거나 새로운 형태의 격차를 창출하는 현상을 포괄한다(Eubanks, 2018).

전통적인 디지털 격차가 주로 정보 통신 기술에 대한 물리적 접근성과 기본적 활용 능력의 차이에 주목했다면, AI 불평등은 보다 복합적이고 구조적인 성격을 띤다(DiMaggio & Hargittai, 2001). AI 기술은 데이터를 기반으로 자동화된 의사 결정을 수행하며 이 과정에서 사회에 내재된 편향과 차별을 학습하고 증폭할 수 있다. 더 나아가 AI 시스템은 개인과 집단을 분류하고 평가하는 권력을 가지며 이러한 평가 결과가 교육, 고용, 금융, 의료 등 삶의 핵심 영역에서 기회의 분배를 좌우한다(O'Neil, 2016).

AI 불평등의 핵심적 특징은 그것이 기술적 중립성의 가면을 쓰고 있다는 점이다. 알고리즘에 의한 의사 결정은 겉보기에 객관적이고 공정해 보이지만 실제로는 개발자의 가치관, 훈련 데이터의 편향, 사회적 맥락 등이 복합적으로 작용한 결과물이다. 이러한 "객관성의 신화"(Benjamin, 2019)는 불평등한 결과를 정당화하고, 차별받는 당사자들로 하여금 시스템에 문제를 제기하기 어렵게 만든다.

또한 AI 불평등은 규모와 속도의 차원에서 과거의 불평등과 구별된다. 인공지능 시스템은 한 번에 수백만 명의 사람들을 대상으로 자동화된 결정을 내릴 수 있으며 그 영향은 실시간으로 전파된다. 이는 불평등이 개별적이고 산발적인 차원을 넘어 시스템적이고 광범위한 사회 문제로 확산될 위험을 내포한다(Noble, 2018).

자동화된 불평등의 메커니즘

자동화된 불평등은 AI 불평등을 이해하는 핵심 개념이다. 버지니아 유뱅크스가 제시한 이 개념은 디지털 기술, 특히 알고리즘 시스템이 빈곤층과 사회적 약자를 체계적으로 감시하고 처벌하는 방식으로 작동한다는 것을 의미한다(Eubanks, 2018).

자동화된 불평등의 메커니즘은 다음과 같은 단계로 작동한다. 첫째, 데이터 수집 단계에서 이미 편향이 시작된다. 사회적 약자들의 데이터는 주로 공공 서비스 이용 과정에서 강제적으로 수집되는 반면, 중산층 이상 계층의 데이터는 상대적으로 사적 영역에서 보호받는다. 이는 감시의 불평등을 낳는다(Gilliom & Monahan, 2013).

둘째, 알고리즘 설계 과정에서 과거의 차별적 관행이 코드화된다. 예를 들어 과거 대출 심사에서 특정 지역이나 집단에 대한 차별이 있었다면 이러한 패턴이 머신러닝 알고리즘에 학습되어 미래의 결정에도 영향을 미친다. 이는 "과거의 불의를 미래로 자동화"하는 효과를 낳는다(Barocas & Selbst, 2016).

셋째, 의사 결정 실행 단계에서 알고리즘의 불투명성이 문제가 된다. 복잡한 머신러닝 모델, 특히 딥러닝 시스템은 "블랙박스"와 같아서 결정 과정을 설명하기 어렵다. 이는 차별받는 당사자가 불공정한 처우에 대해 이의를 제기하거나 법적 구제를 받기 어렵게 만든다(Pasquale, 2015).

넷째, 피드백 루프를 통해 편향이 강화된다. 알고리즘이 특정 집단을 부정적으로 분류하면 그 집단은 더 많은 감시와 제재를 받게 되고, 이는 다시 부정적인 데이터를 생성하여 편향을 더욱 공고히 한다. 이러한 "예측적 순환(predictive loop)"은 불평등을 자기 강화하는 메커니즘으로 작동한다(Ensign et al., 2018).

자동화된 불평등은 특히 공공 부문에서 두드러지게

나타난다. 복지 급여 자격 심사, 아동 보호 서비스, 형사 사법 시스템 등에 도입된 AI 시스템이 저소득층과 소수 집단에 불리한 결과를 산출하는 사례가 지속적으로 보고되고 있다. 이는 기술이 사회 정의를 실현하는 도구가 아니라 기존 권력 구조를 공고히 하는 수단으로 활용될 위험을 보여 준다.

AI 불평등의 3대 차원: 접근성, 활용성, 주체성

AI 불평등을 체계적으로 분석하기 위해서는 다차원적 접근이 필요하다. 본서에서는 AI 불평등을 접근성(accessibility), 활용성(usability), 주체성(agency)의 세 차원으로 구분하여 살펴본다.

접근성 차원의 AI 불평등은 AI 기술과 서비스에 대한 물리적, 경제적 접근 가능성의 격차를 의미한다. 이는 가장 기본적이면서도 여전히 중요한 불평등의 축이다. 먼저 하드웨어 접근성 문제가 있다. 고성능 AI 서비스를 이용하기 위해서는 최신 스마트폰, 고속 인터넷, 충분한 데이터 요금제 등이 필요하다. 저소득층은 이러한 디지털 인프라에 대한 접근이 제한적이어서 AI 기술의 혜택에서 배제될 수 있다(Robinson et al., 2015). 소프트웨어 접근성도 중요한 문제다. 많은 AI 서비스가 유료 구독 모델을 채택하고 있으며 고급 기능일수록 높은 비용을 요구한다. 예를 들어 챗지피티 플러스(ChatGPT Plus), 깃허브 코파일럿(GitHub Copilot) 등의 AI 도구는 월 구독료를 지불해야 전체 기능을 이용할 수 있다. 이는 경제적 여건에 따른 AI 활용 능력의 차이를 만든다. 지역적 접근성 격차도 존재한다. AI 서비스들은 주로 선진국의 주요 언어로 제공되며, 개발 도상국이나 소수 언어 사용자들은 언어 장벽으로 인해 제한적인 서비스만을 이용할 수 있다. 또한 일부 AI 서비스는 특정 국가나 지역에서 서비스를 제공하지 않아 지리적 배제를 초래한다.

활용성 차원은 AI 기술에 접근할 수 있다 하더라도 이를 효과적으로 활용할 수 있는 능력과 지식의 격차를 다룬다. 이는 디지털 리터러시를 넘어선 AI 리터러시의 문제다. 기술적 활용 능력의 격차가 첫 번째 요소다. AI 도구를 효과적으로 사용하기 위해서는 프롬프트 엔지니어링, 결과 해석, 한계 인식 등의 기술이 필요하다. 교육 수준이 높고 기술에 친숙한 사용자들은 동일한 AI 도구로도 훨씬 나은 결과를 얻을 수 있다(Hargittai, 2010). 맥락적 이해 능력도 중요하다. AI의 결과를 비판적으로 평가하고 편향이나 오류를 감지하며 적절한 상황에서만 AI를 활용하는 능력은 고등 교육과 전문적 경험을 통해 개발된다. 이러한 능력이 부족한 사용자들은 AI의 잘못된 결과를 그대로 수용하여 더 큰 피해를 입을 수 있다. 창의적 활용 능력의 격차도 나타난다. AI를 단순한 도구로 사용하는 것과 창의적 파트너로 활용하는 것 사이에는 큰 차이가 있다. 예술가, 연구자, 기업가 등은 AI를 혁신적 방식으로 활용하여 새로운 가치를 창출하는 반면, 일반 사용자들은 제한적인 용도로만 활용하는 경향이 있다.

주체성 차원은 AI 시스템 개발과 거버넌스 과정에서 다양한 집단의 참여와 영향력의 격차를 다룬다. 이는 가장 근본적이면서도 간과되기 쉬운 불평등의 차원이다. 개발 과정에서의 참여 격차가 핵심 문제다. AI 시스템 설계와 개발은 주로 소수의 기술 엘리트들에 의해 이루어지며 실제 사용자나 영향을 받는 공동체의 목소리는 제대로 반영되지 않는다. 이는 "참여적 설계(participatory design)"의 부재를 의미한다(Costanza-Chock, 2020). 의사 결정 과정에서의 영향력 격차도 중요하다. AI 기업의 정책 결정, 정부의 AI 규제, 국제적 AI 거버넌스 등에서 시민 사회의 참여는 제한적이다. 대신 기술 기업과 정부 기관, 소수의 전문가들이 주도적 역할을 하고 있다. 데이터 주권 문제도 주체성 차원에 포함된다. 개인의 데이터가 AI 시스템의 핵심 자원이 되고 있지만, 데이터 주체들은 자신의 데이터가 어떻게 사용되는지에 대한 통제권을 거의 갖지 못한다. 이는 "데이터 식민주의"라고 불리는 새로운 형태의 착취 구조를 만든다(Couldry & Mejias, 2019).

AI 불평등은 기술적 진보와 사회적 공정성 사이의 긴장을 보여 주는 복합적 현상이다. 자동화된 불평등의 메커니즘을 통해 기존 사회적 편향이 기술 시스템에 내재화되고 증폭되며 접근성, 활용성, 주체성의 다차원에서 새로운 형태의 격차가 나타나고 있다. 이러한 AI 불평등을 해결하기 위해서는 기술적 해법과 사회적 개입이 병행되어야 한다. 알고리즘의 투명성과 책임성을 높이고 포용적 설계 원칙을 적용하며 AI 리터러시 교육을 확대하고, 시민 사회의 참여를 보장하는 거버넌스 체계를 구축해야 한다. 무엇보다 AI 불평등 문제는 기술 그 자체의 문제가 아니라 기술을 둘러싼 사회적 맥락과 권력 구조의 문제라는 인식이 필요하다. AI 시대의 평등은 저절로 실현되지 않으며 의도적이고 지속적인 사회적 노력을 통해서만 달성할 수 있다. 이는 기술과 사회 정의가 조화를 이루는 미래를 만들기 위한 우리 모두의 과제다.

참고문헌

Barocas, S. & Selbst, A. D.(2016). Big data's disparate impact.

California Law Review, 104(3), pp.671~732.

Benjamin, R.(2019). *Race after technology: Abolitionist tools for the new Jim Crow.* Polity Press.

Costanza-Chock, S.(2020). *Design justice: Community-led practices to build the worlds we need.* MIT Press.

Couldry, N. & Mejias, U. A.(2019). *The costs of connection: How data is colonizing human life and appropriating it for capitalism.* Stanford University Press.

DiMaggio, P. & Hargittai, E.(2001). From the 'digital divide' to 'digital inequality': Studying internet use as penetration increases(Working Paper 15). *Center for Arts and Cultural Policy Studies,* Princeton University.

Ensign, D. et al.(2018). Runaway feedback loops in predictive policing. In Proceedings of the 1st Conference on Fairness, Accountability and Transparency(pp.160~171).

Eubanks, V.(2018). *Automating inequality: How high-tech tools profile, police, and punish the poor.* St. Martin's Press.

Gilliom, J. & Monahan, T.(2013). *SuperVision: An introduction to the surveillance society.* University of Chicago Press.

Hargittai, E.(2010). Digital na(t)ives? Variation in internet skills and uses among members of the "net generation". *Sociological Inquiry, 80*(1), pp.92~113.

Noble, S. U.(2018). *Algorithms of oppression: How search engines reinforce racism.* NYU Press.

O'Neil, C.(2016). *Weapons of math destruction: How big data increases inequality and threatens democracy.* Crown.

Orwell, G.(1945). *Animal farm.* Secker & Warburg.

Pasquale, F.(2015). *The black box society: The secret algorithms that control money and information.* Harvard University

Press.

Robinson, L. et al.(2015). Digital inequalities and why they matter. *Information, Communication & Society, 18*(5), pp.569~582.

03
인지 격차와 AI 자본의 집중화

"데이터를 지배하는 자가 미래를 지배한다."
AI와 빅데이터 시대에 정보 독점은 전례 없는 권력 집중을 초래한다. 소수의 기술 기업이 개인의 행동 패턴, 선호도, 심지어 감정까지 예측할 수 있게 되면서 데이터 접근성과 활용 능력에 따른 새로운 계층 구조가 형성되고 있다.

AI와 난임 극복?

AI 시대의 새로운 불평등 현상과 인지 격차

인공지능 기술의 확산과 함께 전례 없는 형태의 사회적 분화가 관찰되고 있다. 생성형 AI 도구를 자유자재로 활용하여 업무 효율성을 극대화하는 전문직 종사자들과 이러한 기술에 접근조차 하지 못하는 계층 사이에 현격한 생산성 격차가 벌어지고 있다. 한 연구에 따르면 AI 도구를 활용한 지식 노동자들은 동일한 업무를 수행할 때 최대 40% 이상의 효율성 향상을 보이는 반면, 이러한 도구에 익숙하지 않은 노동자들은 오히려 업무 성과가 저하되는 현상이 나타나고 있다(Rana & Verhoeven, 2023).

더욱 주목할 만한 현상은 교육 수준과 경제적 지위에 따른 AI 활용 능력의 극명한 차이이다. 고등 교육을 받고 충분한 디지털 자원을 보유한 계층은 최신 AI 기술을 학습하고 적응하는 속도가 빠른 반면, 취약 계층은 기본적인 디지털 기기 접근조차 어려워 AI 시대의 혜택에서 완전히 소외되고 있다. 이는 단순한 기술 격차를 넘어서 인간의 근본적인 사고 능력과 문제 해결 역량에서의 차이로 확장되고 있다.

특히 알고리즘 기반 의사 결정이 확산되면서 나타나는 현상도 주목할 만하다. 금융, 교육, 고용, 의료 등 사회 전 영역에서 AI가 개인의 운명을 좌우하는 중요한 결정을 내리고 있지만, 이러한 시스템의 작동 원리를 이해하고 대응할 수 있는 능력을 갖춘 사람들과 그렇지 못한 사람들 사이에 명확한 구분선이 생겨나고 있다. 알고리즘의 편향성을 인식하고 이에 대응할 수 있는 집단은 불리한 결과를 피하거나 시정할 수 있지만, 그렇지 못한 집단은 자동화된 차별의 피해자가 되고 있다.

이러한 현상들은 몇 가지 공통된 특성을 보인다. 첫째, 전통적인 물질적 자원의 격차를 넘어서 지적 역량과 정보 활용 능력에서의 격차가 핵심적 요인으로 작용한다. 둘째, 개인의 노력만으로는 극복하기 어려운 구조적 성격을 띤다. AI 기술에 대한 접근과 이해는 교육 환경, 사회적 네트워크, 경제적 여건 등 복합적 요인에 의해 결정되기 때문이다. 셋째, 시간이 지날수록 격차가 누적되고 확대되는 자기 강화적 특성을 갖는다. AI 활용 능력이 뛰어난 집단은 더 많은 기회와 자원에 접근할 수 있게 되어 격차가 더욱 벌어지는 악순환이 발생한다.

무엇보다 이러한 현상은 기존의 디지털 격차와는 질적으로 다른 양상을 보인다. 과거의 디지털 격차가 주로 하드웨어 접근성과 인터넷 연결의 문제였다면, 현재 나타나는 새로운 격차는 인공지능을 이해하고 활용하여 자신의 인지적 능력을 확장할 수 있는가의 문제다. 이는 단순한 도구 사용법을 넘어서 인간의 사고 과정 자체를 변화시키는 근본적 전환을 수반한다.

이러한 다층적이고 복합적인 현상이 더욱 확산될 것으로 전망되는 가운데, 기존의 개념 틀로는 이를 적절히 설명하기 어려운 상황이다. 따라서 본서에서는 이러한 새로운 형태의 불평등 현상을 '인지 격차'라고 명명하고자 한다. 인지 격차란 인공지능 시대에 개인과 집단 간 지식 습득, 정보 처리, 그리고 AI 활용 능력에서 발생하는 구조적 불평등을 의미한다. 이는 단순한 기술 접근성의 차이를 넘어서 인간의 인지적 역량을 AI를 통해 확장할 수 있는 능력의 유무에 따른 새로운 계층화 현상을 포괄하는 개념이다.

AI 자본의 집중화와 권력 구조의 변화

인지 격차와 밀접하게 연관된 또 다른 중요한 현상은 AI 자본의 급속한 집중화다. 현재 전 세계 AI 연구 개발 투자의 대부분이 미국과 중국의 소수 거대 기술 기업에 집중되어 있으며 이들이 보유한 데이터, 컴퓨팅 인프라, 고급 인재가 AI 시대의 새로운 생산 수단으로 기능하고 있다. 구글, 마이크로소프트, 아마존, 메타와 같은 기업들은 수십억 명의 사용자 데이터와 막대한 연산 자원을 바탕으로 초거대 AI 모델을 개발하며 이를 통해 시장에서 압도적 우위를 점하고 있다.

이러한 AI 자본의 집중은 경제적 불평등을 심화하는 주요 동력이 되고 있다. 국제통화기금(IMF)의 분석에 따르면 AI 기술 확산으로 전체적인 생산성은 향상되지만 그 혜택의 대부분이 자본 소유자에게 귀속되어 노동 소득 대비 자본 수익의 비중이 급격히 증가하고 있다(IMF, 2024). AI 시스템을 소유하고 운영하는 기업과 투자자들은 막대한 수익을 얻는 반면, 자동화로 인한 일자리 감소와 임금 정체의 부담은 사회 전체가 짊어지는 구조가 고착화되고 있다.

더욱 심각한 문제는 AI 자본의 독점이 정보와 지식의 독점으로 이어진다는 점이다. 거대 플랫폼 기업들이 보유한 알고리즘은 수십억 명의 정보 접근과 의견 형성에 영향을 미치지만 그 작동 원리와 편향성은 철저히 베일에 가려져 있다. 이들 기업은 공정성과 투명성을 표방하지만 실제로는 자사의 이익에 부합하는 방향으로 알고리즘을 설계하고 운영한다. 예를 들어 자동화된 대출 심사나 채용 평가 시스템은 겉보기에는 객관적이고 공정해 보이지만 실제로는 기존의 사회적 편견을 학습하고 재생산하여 특정 집단에 대한 차별을 자동화하는 결과를 낳기도 한다(O'Neil, 2016).

이러한 현상을 더욱 문제적으로 만드는 것은 공정성 환상(fairness illusion)이다. AI 시스템이 수학적 알고리즘에 기반하여 작동하기 때문에 사람들은 그 결과가 객관적이고 공정할 것이라고 믿기 쉽다. 하지만 실제로는 데이터 수집 과정, 알고리즘 설계, 결과 해석 등 모든 단계에서 인간의 가치관과 편견이 개입한다(Newsome, 2025). 특히 AI 개발 팀의 구성이 특정 성별, 인종, 계층에 편중되어 있을 경우 그들의 관점과 경험이 알고리즘에 반영되어 다른 집단에게 불리한 결과를 초래할 수 있다.

AI 자본의 집중화는 또한 글로벌 차원에서의 불평등을 심화하고 있다. AI 기술 개발에 필요한 막대한 자원과 인프라를 보유한 선진국과 그렇지 못한 개발 도상국 사이의 격차가 급속히 벌어지고 있다. 데이터의 상당 부분이 영어와 중국어에 편중되어 있어 다른 언어권 사용자들은 AI 서비스의 품질과 정확도가 현저히 떨어지는 경험을 하고 있다(Lee, 2024). 이는 디지털 식민주의의 새로운 형태로, 선진국의 AI 기업들이 개발 도상국의 데이터를 수집하여 이익을 창출하지만 그 혜택은 현지로 환원되지 않는 구조를 만들어 내고 있다.

인지 계층화의 위험과 민주적 대응 전략

인지 격차와 AI 자본 집중화가 지속될 경우 사회는 극명한 인지 계층화에 직면할 위험이 있다. 사회 상층부는 AI를 자유자재로 활용하여 지식 생산과 의사 결정에서 압도적 우위를 점하는 인지 엘리트로 부상하는 반면, 하층부는 AI의 결과물을 수동적으로 받아들이거나 알고리즘의 판단에 무력하게 종속되는 인지 프롤레타리아트로 전락할 수 있다. 이러한 계층화가 고착되면 민주주의의 기본 전제인 시민의 평등한 참여와 합리적 판단이 불가능해진다.

특히 우려되는 것은 정치적 의사 결정 과정에서의 배제다. AI를 이해하고 활용할 수 있는 소수 엘리트가 정책 결정을 독점하고, 다수 시민은 복잡한 기술적 이슈에 대해 판단할 능력을 갖지 못해 민주적 통제에서 소외될 수 있다. 이는 기술 관료주의(technocracy)의 극단적 형태로, 전문 지식을 가진 소수가 다수를 지배하는 반민주적 구조를 만들어 낼 위험이 있다.

이러한 위험에 대응하기 위해서는 다차원적인 민주적 전략이 필요하다. 첫째, 포용적 AI 개발과 거버넌스 체계의 구축이다. AI 시스템 개발 단계에서부터 다양한 사회 집단의 참여를 보장하고 편향성 검사와 공정성 평가를 의무화해야 한다. 또한 알고리즘의 투명성을 높이고 시민들이 AI의 결정 과정을 이해하고 이의를 제기할 수 있는 제도적 장치를 마련해야 한다.

둘째, 전 사회적 차원의 AI 리터러시 교육이 필요하다. 공교육 과정에서 AI의 기본 원리와 한계, 사회적 영향에 대한 교육을 강화하고 성인을 대상으로 한 재교육 프로그램을 확대해야 한다. 특히 취약 계층을 위한 맞춤형 교육 프로그램과 디지털 인프라 지원을 통해 누구도 AI 시대에서 뒤처지지 않도록 해야 한다.

셋째, AI 자본의 사회적 공유와 분산화 정책이 요구된다. 데이터와 AI 모델을 공공재로 인식하고 오픈 소스 AI 개발을 지원하며, AI 기업에 대한 적절한 규제와 과세를 통해 AI로 인한 이익이 사회 전체에 환원되도록 해야 한다. 또한 국제적 차원에서 AI 기술과 데이터의 공정한 공유를 위한 협력 체계를 구축해야 한다.

넷째, AI 시대의 새로운 사회 계약 수립이다. AI로 인한 일자리 변화에 대비한 사회 안전망을 강화하고 기본소득제와 같은 새로운 분배 정책을 검토해야 한다. 또한 AI의 사회적 영향을 지속적으로 모니터링하고 평가할 수 있는 독립적인 기구를 설치하여 민주적 통제를 강화해야 한다.

결론적으로 인지 격차와 AI 자본의 집중화는 AI 시대의 핵심적인 불평등 동력이다. 이러한 현상을 방치할 경우 민주주의와 사회 통합에 심각한 위협이 될 수 있다. 따라서 기술 발전의 혜택이 소수에게 집중되지 않고 사회 전체에 공정하게 분배될 수 있도록 하는 적극적이고 포괄적인 정책적 대응이 시급하다. 인공지능이 인류 전체의 번영에 기여하는 도구가 될지, 아니면 새로운 형태의 지배와 억압의 수단이 될지는 지금 우리의 선택에 달려 있다.

참고문헌

Eubanks, V.(2018). *Automating inequality: How high-tech tools profile, police, and punish the poor.* St. Martin's Press.

Harari, Y. N.(2018). *21 lessons for the 21st century.* Spiegel & Grau.

Huang, S. & Manning, S.(2025). Here's how to share AI's future wealth. *Noema Magazine.*

IMF(2024). Labor market implications of advanced artificial intelligence[Staff Report].

Lee, M.(2024). Technological gaps and the resulting global polarization and inequality[Korean]. *Future Policy Focus.*

Newsome, M.(2025). F is for fairness: The hidden truth about your "unbiased" AI. Medium.

O'Neil, C.(2016). *Weapons of math destruction: How big data*

increases inequality and threatens democracy. Crown.
Rana, V. & Verhoeven, B.(2023). How to bridge the artificial intelligence divide. *LSE Business Review*.
Tushabe, B.(2023). Addressing data poverty and algorithmic bias in AI for Africa. Medium.
Zuboff, S.(2019). *The age of surveillance capitalism: The fight for a human future at the new frontier of power*. PublicAffairs.

04
알고리즘 편향과 공정성 환상

"알고리즘은 코드에 내재된 의견이다." 기술적 객관성에 대한 맹신은 알고리즘 편향을 은폐한다. AI 시스템이 내리는 판단은 데이터 수집부터 모델 설계까지 인간의 가치관과 편견이 반영된 결과물이다. 공정해 보이는 수학적 공식 뒤에 숨겨진 구조적 불평등을 직시해야 한다.

AI와 사주?

알고리즘 편향의 유형과 발생 메커니즘

알고리즘 편향은 데이터 수집에서 모델의 활용에 이르기까지 여러 경로로 스며든다. 첫째, 알고리즘은 역사적 편향(historical bias)을 그대로 답습할 수 있다. 이는 알고리즘이 학습하는 데이터 자체가 이미 기존 사회의 편견과 불평등을 반영하기 때문이다. 예를 들어 자연어 처리 모델이 인터넷 코퍼스를 학습하면서 남성-과학자, 여성-간호사와 같은 성별 고정관념을 수용한 사실이 보고된 바 있다(Caliskan et al., 2017). 마찬가지로 얼굴 인식 알고리즘이 주로 백인 남성 얼굴로 훈련된 경우 유색 인종이나 여성의 얼굴을 정확히 인식하지 못하는 오류가 발생하는데, 이는 대표성 편향(representation bias)의 전형적인 사례다(Noble, 2018). 이처럼 알고리즘은 과거의 차별적 현실을 학습함으로써 "자동화된 불평등"을 만들어 낼 위험이 있다(Eubanks, 2018).

둘째, 측정과 설계 단계의 편향도 중요하다. 알고리즘 개발자가 편향이 없어 보이는 프록시 변수를 사용하더라도 그 변수들이 민감한 속성(인종, 성별 등)과 상관관계가 있다면 결과적으로 차별을 초래할 수 있다. 예컨대 채용 알고리즘에서 지원자의 거주 지역이나 학력을 평가 요소로 사용할 때, 이는 사회 경제적 지위나 인종을 간접적으로 대변할 수 있다. 그런 알고리즘은 표면적으로는 인종이나 성별을 고려하지 않아 "공정"해 보이지만 실제로는 기존의 불평등 구조를 기술적으로 재현하는 효과를 낸다(Barocas & Selbst, 2016). 이러한 측정 편향과 설계 편향은 인간 개발자의 가치 판단이 코드에 스며들어 발생하며(Friedman & Nissenbaum, 1996) 데이터 편향과 결합될 경우 특정 집단에 체계적인 불이익을 줄 수 있다.

셋째, 알고리즘 배포와 적용 맥락에서도 편향이 증폭된다. 현실 세계에 배치된 AI는 사용자 행동과 피드백을 다시 데이터로 수집하여 스스로를 강화하는데, 이 피드백 루프 과정에서 기존 격차가 확대될 수 있다. 예를 들어 범죄 예측 시스템이 경찰 배치에 영향을 주면 이미 집중 단속된 지역에서 더 많은 범죄 데이터가 나와 편향된 데이터를 강화하게 된다. 그 결과 알고리즘은 해당 지역을 더욱 "위험"하다고 판단하며 소수자 커뮤니티에 대한 과잉 감시와 낙인 효과를 지속할 수 있다(O'Neil, 2016). 이렇듯 알고리즘 편향은 단순한 프로그래밍 오류나 개별 사례의 문제가 아니라 사회 구조적 편향이 자동화된 형태로 나타난 것이다. 요컨대 편향된 알고리즘은 기존 차별을 은폐한 채 합리화함으로써 취약 계층에게 불리한 결정을 대량으로, 그리고 눈에 띄지 않게 만들어 낸다(Eubanks, 2018). 인지 격차 측면에서도 알고리즘 결정의 배경을 이해하고 이의를 제기할 수 있는 사람과 그렇지 못한 사람 사이에 새로운 격차가 벌어지고 있다. 기술에 대한 지식과 접근성이 낮은 계층은 AI의 판단을 그대로 받아들이기 쉽고, 이로 인해 불이익을 감내하면서도 그것을 공정한 결정이라고 믿게 되는 위험마저 존재한다.

공정성 환상과 객관성 신화

알고리즘에 대한 맹목적 신뢰는 공정성 환상과 객관성 신화를 낳는다. 사람들은 흔히 컴퓨터 알고리즘이 편견 없이 객관적으로 판단할 것이라 기대한다. 기업들도 AI 도구를 홍보할 때 "인간의 편견을 배제한 공정한 선택"을 내세우곤 한다. 하지만 이러한 믿음은 위험한 착각일 수 있다. 알고리즘은 결국 인간이 선택한 기준과 데이터를 따를 뿐이며 그 기준과 데이터에는 사회의 편향이 스며 있기 때문이다(Salkever & Wadhwa, 2019). 알고리즘 판단 결과에 숫자가 매겨지고 확률이 붙는 순간, 그 결정은 마치 과학적으로 보이지만 이는 허상에 불과할 수 있다.

AI는 편향된 데이터를 근거로 공정한 척도를 만들어

내기 때문에 겉보기엔 합리적이지만 실제로는 부당한 결정을 정당화하는 도구로 기능할 수 있다. 이를테면 범죄 위험 점수가 높은 사람에게 가해지는 가혹한 처우가 "데이터에 근거했기 때문"이라는 이유로 쉽게 정당화되어 버리는 식이다. 이런 맥락에서 데이터 과학자들은 "나쁜 데이터로부터 좋은 결정을 기대할 수 없다"고 경고한다. 데이터가 불공정하다면 그로부터 나온 알고리즘의 공정성은 환상에 지나지 않는다(Alexander, 2016).

기술적 객관성에 대한 신화는 다양한 모습으로 나타난다. 그중 하나는 형평성의 역설, 즉 평등의 역설이다. 알고리즘은 명목상 모든 사람을 동등하게 취급한다고 주장되지만 그 결과는 오히려 불평등을 은폐한다. 예를 들어 어떤 대출 심사 알고리즘이 인종을 절대 고려하지 않고 오로지 신용 점수만으로 판단한다고 해도, 인종 간 경제적 격차가 신용 점수의 차이로 이미 반영되어 있다면 결과적으로 유색 인종 저소득층은 대출에서 탈락할 확률이 높다. 이때 겉으로 드러난 기준은 모두에게 동일하므로 공정해 보이지만 실은 구조적 불평등이 그대로 반영된 결과일 뿐이다.

이는 기술이 형식적 평등을 구현함으로써 오히려 실질적 불평등을 지속하는 역설적 상황이다. 달리 말해 알고리즘은 차별을 직접 드러내지 않기에 더 위험한데, 차별받은 집단조차 결과를 객관적인 평가로 받아들이게 만들 수 있기 때문이다. 이러한 상황을 루하 벤저민(Ruha Benjamin)은 현대 기술에 내재된 "객관성의 신화"라고 지적하며 신기술이 더 공정하고 진보적이라고 포장되는 현상을 비판한다(Benjamin, 2019). 그녀는 '뉴 짐 코드'라는 개념을 통해 인공지능과 데이터 기술이 표면적으로는 인종이나 계층을 구분하지 않는 색맹 기술로 홍보되지만 실제로는 기존의 인종주의적 질서를 교묘히 재생산하는 메커니즘을 보여 준다(Benjamin, 2019). 예컨대 범죄 예측, 신용 평가, 채용 필터링 등의 알고리즘은 인종이나 성별을 명시적으로 묻지 않음에도 불구하고 과거의 차별적 결과들을 학습하여 유사한 패턴을 답습한다. 그럼에도 불구하고 사람들은 "기계가 결정했으니 공정하다"고 믿는 공정성 환상에 빠지기 쉽다.

객관성 신화를 깨기 위해서는 알고리즘 결정 뒤에 숨은 인간의 판단과 가치관을 직시해야 한다. 알고리즘의 규칙을 설정하고 특징을 선택하는 것은 애초에 인간이다(Spielkamp, 2019). 어떤 데이터를 학습시킬지, 결과를 어떤 목적으로 최적화할지는 모두 사회적 결정의 산물이다. 따라서 알고리즘의 결과에 대해 "편견이 개입할

여지가 없다"는 주장은 허구다. 실제 연구에서도 "AI의 중립성은 위험한 미신이며, 알고리즘은 인간의 논쟁과 권력 투쟁의 산물"임이 누차 확인되고 있다(Salkever & Wadhwa, 2019). 그럼에도 불구하고 공공 영역과 산업 현장에서 AI 결정은 마치 신탁(oracle)처럼 받아들여지고 그 과정의 맥락은 투명하게 드러나지 않는 경우가 많다. 이러한 상황에서는 인지 격차도 한몫한다. 알고리즘 작동 원리를 이해하지 못하는 이들은 결과를 맹신하기 쉽고 반대로 알고리즘에 정통한 집단은 결과를 유리하게 활용하거나 교묘히 회피할 수 있다. 결과적으로 AI 시스템은 객관적이라 믿는 사람들과 실제로 그것을 통제하는 사람들 간의 인식 차를 낳아 민주적 통제와 합의의 어려움을 초래한다.

요컨대 알고리즘 공정성에 대한 막연한 믿음은 환상에 불과하며, 오히려 이러한 환상이 기존의 불평등 구조를 보이지 않게 만들 위험이 있다. 공정해 보이는 수치와 모델 뒤에 가려진 편향의 메커니즘을 들춰내지 않는다면 우리는 알고리즘이라는 거울에 비친 사회의 편견을 제대로 인식하지 못한 채, "숫자가 말해 주니 어쩔 수 없다"는 식의 체념에 빠질 수 있다. 따라서 공정성 환상을 넘어 진정한 의미의 공정성을 모색하려면 기술에 내재한 가치 판단을 드러내고 비판적으로 검토하는 노력이 필요하다.

기술적 공정성과 사회적 공정성의 괴리

알고리즘 편향 문제를 해결하기 위해 많은 연구자들이 기술적 공정성을 정량적으로 정의하고자 노력해 왔다. 그 결과 통계적 패러다임에서 여러 공정성 지표들이 제시되었다. 예를 들면 독립성(demographic parity)은 특정 민감 집단에 속한 여부와 상관없이 긍정적인 결정이 나올 확률이 같아야 한다는 기준이고, 균등 오즈(equalized odds)는 실제 자격이 있는 사람들에 대해 인종이나 성별에 관계없이 같은 비율로 합격시키고 같은 비율로 실수하지 않아야 한다는 기준이다(Verma & Rubin, 2018). 또한 개인 공정성(individual fairness)은 유사한 상황의 개인들을 비슷하게 대우해야 한다고 요구한다. 이런 기술적 공정성 개념은 알고리즘의 결과 분포를 수치로 평가하여 차별을 완화하려는 시도로 볼 수 있다. 그러나 이러한 형식적 기준의 충족만으로 사회적 공정성이 달성되는 것은 아니라는 점이 중요하다.

첫째, 다양한 공정성 지표들 간에는 상충 관계가 존재한다는 사실이 알려져 있다. 한 알고리즘을 두고 여러 공정성 기준을 동시에 만족시키는 것은 이론적으로 불가능한 경우가 많다(Kleinberg et al., 2017). 예를 들어 범죄 재범 예측 모델에서 흑인과 백인 집단의 정확도(precision)를 같게 맞추면 거짓 양성률(false positive rate)이 달라지는 식이다. 결국 개발자는 어떤 공정성 정의를 선택할지 결정해야 하고, 선택된 기준에 의해 일부 그룹의 이익은 보호되지만 다른 차원의 불평등은 남게 될 수 있다. 기술적 공정성의 한계는 이렇게 어느 하나의 통계 지표로는 사회적 정의의 다차원적 요구를 포괄하기 어렵다는 데에서 드러난다(Black et al., 2023). 더욱이 기업이나 기관이 보여 주기 식으로 단편적인 공정성 지표만 충족시키는 경우 이는 오히려 "퍼포먼스성 공정성", 즉 눈속임에 불과한 공정성으로 귀결될 위험이 있다(Black et al., 2023). 실제로 어떤 알고리즘이 명목상 공정한 수치를 보고할 때 우리는 그 이면에 숨은 권력 불균형과 질적 피해를 간과하게 될 수 있다. 결과적으로 기술적 수치에만 집착하면 정작 중요한 맥락적 정의, 즉 왜 특정 집단이 지속적으로 불리한 위치에 있는지에 대한 근본 질문이 묻혀 버릴 수 있다.

둘째, 사회적 공정성은 단순히 알고리즘 결과의 분포를 균등하게 만드는 것을 넘어 역사적 불평등을 교정하고 정의로운 결과를 추구하는 개념이다. 정치 철학자 존 롤스(John Rawls)는 사회 정의를 논하면서 차등의 원칙을 제시했는데, 이는 불가피한 불평등이라 하더라도 그것이 가장 약자에게 최대의 이익을 가져올 때 정당화될 수 있다는 것이다(Rawls, 1971). 그러나 현재의 알고리즘 공정성 논의에서 이러한 분배적 정의의 관점은 충분히 반영되지 못한다. 예컨대 머신러닝 모델이 인종 간 대출 승인율을 동등하게 맞추었다 하더라도 이미 자산 격차와 신용 이력의 차이가 큰 사회에서 이는 결과적 평등일 뿐 기회나 자원 분배의 평등을 담보하지 못한다. 진정한 사회적 공정성은 데이터에 드러나지 않는 구조적 불이익까지 고려하여 출발선의 격차를 줄이고, 결과적으로 가장 소외된 집단의 처지를 개선하는 것을 목표로 해야 한다. 그러나 현재 많은 알고리즘 시스템은 이러한 역할을 수행하기보다는 현존하는 격차를 유지하거나 악화시키는 방향으로 작동하고 있다(Benjamin, 2019).

경제적 측면에서도 AI는 새로운 불평등의 그림자를 드리우고 있다. 과거의 디지털 격차는 주로 인터넷 접근성과 활용 능력의 차이로 논의되었지만, AI 시대의 격차는 자본과 인지 능력 그리고 데이터 주권의 차원에서 한층 심화되고 있다. 소위 AI 자본은 막대한 데이터와 연산 자원을 보유한 소수의 기업과 국가에 집중되어 있어 이들이 AI 혁신의 과실을 독점하는 반면, 노동자와 개발 도상국은 뒤처질 위험이 있다(IMF, 2023). IMF는 AI 기술이 "최고의 혁신이지만 최악의 불평등"을 초래할 수 있다고 경고하면서 고소득층과 선진국이 AI로 인한 생산성 이익과 자본 수익을 독차지하고 저숙련 노동자와 빈곤국은 상대적으로 더 큰 피해를 볼 수 있다고 분석했다(Georgieva, 2024). 특히 AI로 자동화 범위가 확대되면 중산층 일자리가 위협받고 높은 기술을 다룰 수 있는 사람과 그렇지 못한 사람의 임금 격차가 벌어질 수 있다. 또한 기업들의 AI 도입으로 발생한 초과 이윤은 자본 소득으로 귀결되어 부의 불평등을 심화할 전망이다. 실제 IMF 연구는 대부분의 시나리오에서 AI가 전반적인 불평등을 악화시킬 것이라고 내다보고 있으며, 적극적인 정책 개입이 없다면 기술 발전이 사회적 긴장을 부추길 수 있음을 강조한다(Georgieva, 2024).

디지털 빈곤과 AI 스코어링 문제도 사회적 공정성의 관점에서 주목해야 한다. 오늘날 취약 계층은 단순히 인터넷 접근성이 낮은 것을 넘어 데이터 경제에서 존재 자체가 누락되거나 왜곡되는 디지털 빈곤층으로 전락할 수 있다. 예를 들어 금융 이력이 거의 없는 빈곤층은 신용 평가 알고리즘에서 데이터 부재로 인해 합리적 평가를 받지 못하거나, 반대로 공공복지 수혜자를 선별하는 알고리즘에 의해 낮은 점수로 분류되어 지원 대상에서 배제될 위험이 있다(Eubanks, 2018). 이는 AI 시대에 정보가 부족한 사람이 보이지 않는 사람이 되거나, 불리한 데이터만으로 낙인찍히는 사람이 되는 딜레마를 보여준다. 더욱이 취약 계층은 여러 영역에서 동시다발적으로 AI 평가와 감시의 대상이 된다. 고용, 신용, 보험, 복지 등에서 스코어링 시스템이 빈곤층에게 연이어 불리한 점수를 부여한다면 개별 알고리즘 편향이 쌓여 그들의 사회적 이동성과 존엄성을 저해하는 거대한 장벽이 될 수 있다. 각 기업이나 기관은 자기 알고리즘의 작은 편향쯤은 별문제가 아니라고 여길지 모르지만, 전체적으로 보면 동일한 소외 집단이 모든 분야에서 불이익을 받는 악순환이 전개될 수 있다. 이는 마치 모든 행위자가 자신의 이익을 위해 약간씩 편향을 외면한 결과, 공동체 전체의 공정성이 황폐화되는 "공유지의 비극"과도 같다(Herschberg, 2023). 이렇듯 사회적 약자들은 모든 곳에서, 한꺼번에 알고리즘적 차별에 직면하는 위험을 감수하고 있는 것이다.

기술적 공정성과 사회적 공정성의 괴리를 메우기 위

해서는 단순한 알고리즘 개선을 넘어 거버넌스와 설계 철학의 변화가 필요하다. 포용적 AI 설계란 다양한 사회 구성원의 관점을 포함하여 기술을 개발하고 활용하는 것으로, 이는 사회적 약자와 소수자의 목소리를 의사 결정 과정에 반영하는 것을 의미한다. 예를 들어 AI 시스템 개발 단계부터 다학제적 전문가, 시민 사회, 당사자 집단이 참여하여 편향 위험을 점검하고 알고리즘이 고려하지 못하는 맥락적 요소를 보완해야 한다(Holstein et al., 2019). 또한 알고리즘의 목표 함수를 정의할 때 형평성 가치를 통합하고, 필요하다면 역사적 차별 보정치를 부여하는 등의 적극적인 조치도 검토할 수 있다. 일각에서는 과거의 알고리즘적 불이익을 보상하기 위한 "알고리즘적 보상(algorithmic reparations)" 개념까지 제안되고 있는데(Black et al., 2023), 이는 단순히 차별을 피하는 수준을 넘어 AI를 사회 정의의 도구로 활용하려는 시도라 할 수 있다. 물론 이러한 방안들은 논란이 따르고 구현이 어렵겠지만 적어도 공정성의 패러다임 전환에 대한 고민을 불러일으킨다는 점에서 의미가 있다. 이제 공정성을 논할 때 우리는 "어떻게 하면 특정 지표상의 차별을 없앨까"라는 기술적 질문을 넘어서 "어떻게 하면 AI가 사회적 약자의 권익을 향상하고 구조적 불평등을 완화하는 방향으로 기여할까"라는 근본적인 물음을 던져야 할 시점이다.

끝으로 책임 있는 AI 거버넌스 확립도 사회적 공정성 달성의 핵심 요소다. 알고리즘 투명성 확보와 독립적 감사를 통해 기술적 공정성 지표 이상의 실질적 영향 평가가 이뤄져야 한다. 법률 및 정책 차원에서 차별적 알고리즘에 대한 규제와 피해 구제책을 마련함으로써 기술 개발자와 활용자에게 공정성에 대한 책무를 부과해야 한다. 또한 AI 교육과 알고리즘 리터러시를 향상해 시민들이 공정성 환상을 경계하고 알고리즘 결정에 대해 충분한 비판적 사고를 가질 수 있도록 하는 것도 중요하다. 이러한 다층적인 노력은 단기적으로는 비용과 시간이 들 수 있으나 궁극적으로는 AI 시대의 포용적 성장과 민주적 정당성을 확보하는 길이다.

AI 시대의 평등을 이루기 위해서는 알고리즘 편향을 구조적으로 이해하고, 공정성을 기술 지표 이상의 사회 윤리적 개념으로 재정의해야 한다. 이는 형식적 평등에서 실질적 형평성으로 나아가는 과정이며 기술과 사회의 협력을 통해 가능하다. 인간의 편견을 자동화하는 알고리즘이 아니라 인간의 가치를 증진하는 알고리즘을 설계할 때 비로소 우리는 공정성 환상을 넘어선 진정한 평등에 한 걸음 다가설 수 있을 것이다.

참고문헌

Alexander, L.(2016). Is an algorithm any less racist than a human? The Guardian.

Barocas, S. & Selbst, A. D.(2016). Big data's disparate impact. *California Law Review, 104*(3), pp.671~732.

Benjamin, R.(2019). *Race After Technology: Abolitionist Tools for the New Jim Code.* Polity Press.

Caliskan, A. et al.(2017). Semantics derived automatically from language corpora contain human biases. *Science, 356*(6334), pp.183~186.

Eubanks, V.(2018). *Automating Inequality: How High-Tech Tools Profile, Police, and Punish the Poor.* St. Martin's Press.

Friedman, B. & Nissenbaum, H.(1996). Bias in computer systems. *ACM Transactions on Information Systems, 14*(3), pp.330~347.

Georgieva, K.(2024). AI will transform the global economy. Let's make sure it benefits humanity. IMF Blog.

Herschberg, M. A.(2023). Redlining in the twenty-first century: Everything everywhere all at once. Medium.

Holstein, K. et al.(2019). Improving fairness in machine learning systems: What do industry practitioners need? Proceedings of the 2019 CHI Conference on Human Factors in Computing Systems, Paper 600.

Kleinberg, J. et al.(2017). Inherent trade-offs in the fair determination of risk scores. Proceedings of the 8th Innovations in Theoretical Computer Science Conference

(ITCS), 43:1–43:23.

Noble, S. U.(2018). *Algorithms of Oppression: How Search Engines Reinforce Racism.* NYU Press.

O'Neil, C.(2016). *Weapons of Math Destruction: How Big Data Increases Inequality and Threatens Democracy.* Crown.

Rawls, J.(1971). *A Theory of Justice.* Harvard University Press.

Salkever, A. & Wadhwa, V.(2019). A.I. bias isn't the problem. Our society is. Fortune.

Spielkamp, M.(2019). Algorithms are not neutral: Busting the myth of neutral AI. In *Busted! The Truth about the 50 Most Common Internet Myths*(IGF 2019 Anthology).

Suresh, H. & Guttag, J.(2021). A framework for understanding unintended consequences of machine learning. *Communications of the ACM, 64*(11), pp.34~40.

05
디지털 빈곤과 AI 스코어링 사회

"모델은 수학에 내재된 의견이다." AI 스코어링 시스템은 객관적 평가를 표방하지만 실상은 편향된 판단을 수학적 공식으로 포장한 것에 불과하다. 알고리즘이 과거 데이터의 불평등을 학습하여 자동화된 차별을 양산하면서 디지털 빈곤과 인지 격차라는 새로운 불평등 구조가 심화되고 있다.

AI와 아이돌?

AI 스코어링의 만연과 자동화된 불평등

인공지능을 활용한 스코어링 시스템은 현대 사회 전반에 급속히 확산되고 있다. 채용, 금융, 보험, 교육 등 다양한 분야에서 알고리즘이 개인을 점수화하여 평가하고 결정에 활용되고 있다. 이러한 AI 스코어링은 표면적으로는 사람마다 동일한 기준을 적용함으로써 공정성을 담보할 것처럼 여겨진다. 그러나 현실에서는 알고리즘이 데이터에 내재된 기존의 편향을 학습하여 불평등을 자동화하는 현상이 드러나고 있다(O'Neil, 2016). 예컨대 과거의 차별적 관행이 반영된 데이터로 훈련된 모델은 성별이나 인종, 사회 경제적 지위에 따른 차이를 그대로 답습하거나 오히려 강화한다. 그 결과 AI를 통한 의사결정은 겉보기에는 중립적이지만 실제로는 편향된 결과를 산출하여 취약 계층에게 불리하게 작용할 수 있다(Alexander, 2016).

AI 알고리즘의 판단이 객관적이고 인간보다 공정할 것이라는 환상도 존재한다. 이는 기술이 인간의 주관적 판단을 배제하고 일관된 기준을 적용할 것이라는 기대에서 비롯된다. 그러나 데이터 자체가 사회의 불평등을 반영하고 있으며 알고리즘 역시 이를 토대로 작동하기 때문에 공정성의 착시가 발생한다(Citron & Pasquale,

2014). 더욱이 알고리즘 결정의 기준과 과정이 대개 불투명하기 때문에 그 결과에 대한 이의 제기나 검증도 어려워 자동화된 불평등이 고착된다는 문제가 지적된다(Eubanks, 2018). 가령 한 신용 평가 모델이 빈곤 지역의 우편 번호나 학력 정보를 근거로 대출 심사에 불이익을 줄 경우 해당 개인은 교육 기회나 자산 축적의 발판을 얻기 어려워진다. 이처럼 AI 스코어링은 사회적 약자를 더욱 불리한 궤도로 내몰고 우세한 집단을 강화하는 악순환을 낳는다(O'Neil, 2016). 실제로 유뱅크스는 복지 행정에 도입된 알고리즘 시스템이 빈곤층을 관리하고 제재하는 "디지털 빈곤원(digital poorhouse)"의 역할을 함으로써 가난한 이들을 더욱 투명 인간 취급한다고 비판한다(Eubanks, 2018). 요컨대 기술이 약속했던 평등은 구현되지 않고 오히려 평등의 역설이라고 할 만큼 알고리즘이 불평등을 구조화 및 심화하고 있다.

AI 시대의 빈곤선 재정의와 디지털 빈곤

AI 시대에는 빈곤선의 개념 또한 재정의를 요구한다. 과거에는 소득이나 소비 등 물질적 기준으로 빈곤을 정의했지만 오늘날 디지털 빈곤과 정보 격차가 새로운 결정 요인으로 부상하고 있다. 인터넷 연결, 스마트 기기 접근성, 디지털 활용 능력이 부족한 계층은 현대 사회에서 교육, 취업, 의료 등 다양한 기회를 놓치기 쉽다. AI 기술이 광범위하게 활용됨에 따라 이러한 디지털 접근성과 역량의 결핍은 곧바로 사회 경제적 취약으로 이어진다(Wang et al., 2024). 다시 말해 정보 격차를 넘어 인지 격차와 AI 격차가 나타나고 있으며, 이는 단순히 인터넷에 접속할 수 있느냐의 문제가 아니라 AI를 이해하고 활용할 수 있는 인지적 자원의 보유 여부로 구분되는 새로운 계층화다.

AI 스코어링 사회에서는 데이터와 알고리즘이 새로운 자본(AI capital)으로 간주된다. 충분한 데이터 자산과 AI 활용 능력을 갖춘 개인이나 집단은 그렇지 않은 이들에 비해 큰 이점을 얻는다(Huang & Manning, 2025). 반면 디지털 기술에 접근하지 못하거나 데이터 발자국이 거의 없는 사람들은 AI 시스템에 의해 투명 인간처럼 간주되거나 낮은 점수를 받을 위험이 있다. 예를 들어 금융 분야에서 과거 금융 거래 데이터가 부족한 사람은 신용 스코어가 낮게 책정되어 대출이나 금융 서비스에서 배제될 수 있다. 이렇듯 디지털 빈곤층은 기존의 소득 빈곤과 더불어 데이터 빈곤까지 겪으며 AI 시대의 새로운 빈곤선 아래에 놓이게 된다. 특히 알고리즘이 가난에 대한 편견을 내포할 경우 빈곤층은 사회 안전망이나 금융 서비스 접근에서 추가적인 불이익을 받게 된다(Curto et al., 2024). 세계 데이터 연구소(World Data Lab)는 21세기에 최소한의 인터넷 접속도 누리지 못하는 사람들을 새로운 빈곤층으로 정의하며 그 규모가 전 세계 약 11억 명에 달한다고 추산한다(Crespo Cuaresma et al., 2021). 이러한 현실은 디지털 접근성이 현대 빈곤의 핵심 지표로 부상했음을 보여 준다. 과거의 디지털 격차가 하드웨어와 인터넷 접속의 문제였다면 오늘날 AI 격차는 소프트웨어적 역량과 알고리즘의 배제로 그 양상이 달라졌다. 결국 AI 시대의 불평등은 단순한 정보 격차가 아니라 누가 AI를 소유하고 통제하며, 누가 AI에 의해 평가받는가에 따라 결정되는 구조적 격차로 나타난다. 이는 곧 빈곤의 기준이 소득뿐 아니라 디지털 및 인지적 자본의 보유 여부로까지 확장되고 있음을 의미한다.

인지 격차와 평등의 역설: 포용적 AI 설계를 향하여

AI 시대의 불평등은 궁극적으로 인지 격차의 형태로 발현되고 있다. 즉, 알고리즘에 의한 차별적 결과와 AI 활용 능력의 차이에서 비롯되는 새로운 형태의 구조적 불평등을 의미한다. 기술의 발전으로 지식과 정보에 접근할 수 있는 능력이 곧 사회적 지위를 좌우하는 핵심 요소가 되었다. AI를 활용하여 생산성과 역량을 높일 수 있는 사람들은 더욱 큰 혜택을 누리지만 그렇지 못한 사람들은 상대적으로 뒤처지는 인지적 양극화가 심화된다(Wang et al., 2024). 이러한 격차는 개개인의 노력 부족이 아니라 구조적으로 형성된 것이다. 기업과 기관들은 효율성을 이유로 앞다퉈 AI 시스템을 도입하지만, 그 설계와 구현 과정에서 사회 각계의 다양한 목소리가 반영되지 않을 경우 특정 계층에 편향된 알고리즘이 만들어지기 쉽다(Noble, 2018). 그 결과 AI가 산출하는 판단은 겉보기에는 모두에게 동일한 기준을 적용한 것처럼 보여도 실상은 기존의 불평등을 답습한 채 자동화된 방식으로 재생산한 것에 불과하다. 이는 사회적 약자가 처한 불리한 조건을 오히려 당연한 것으로 정당화하는 효과마저 낳을 수 있다(Alexander, 2016).

AI로 인한 불평등은 각 이해 당사자가 자신의 이익을 극대화하려는 행위가 누적되면서 공유지의 비극과 유사한 결과를 빚을 수도 있다(Hardin, 1968). 개별 기업이나 국가가 경쟁적으로 더 많은 데이터와 강력한 AI 모델을 확보하려 하지만 정작 사회 전체로 보면 개인 정보 침해,

편향 심화, 취약 계층 소외 등 부작용이 누적되어 공동체의 공공선이 훼손되는 것이다. 따라서 이러한 흐름을 막기 위해서는 포용적 AI 설계와 거버넌스가 필수다. AI 시스템 개발 단계에서부터 다양한 사회 집단의 이해관계를 반영하고 알고리즘 편향을 교정하며 투명성과 책임성을 강화하는 노력이 필요하다(Costanza-Chock, 2020). 기술 민주주의를 구현하기 위한 제도적 장치와 더불어 시민들의 AI 리터러시를 높이는 교육 투자도 병행되어야 할 것이다(Wang et al., 2024). 결국 AI 시대의 평등은 자동적으로 주어지지 않으며 특단의 노력 없이는 불평등이 구조적으로 확대될 가능성이 크다. 알고리즘적 평등은 추상적 이상이 아니라 시급히 달성해야 할 사회적 과제로 인식되어야 하며, 이를 위해 사회 전반에 걸친 인식 전환과 제도 설계가 요구된다. 인공지능 기술에 포용성과 공정성의 가치를 주입할 때 비로소 AI 시대 평등의 역설을 극복하고 보다 포괄적인 디지털 공동체로 나아갈 수 있을 것이다.

참고문헌

Alexander, L.(2016). Is an algorithm any less racist than a human? The Guardian.

Citron, D. K. & Pasquale, F.(2014). The scored society: Due process for automated predictions. *Washington Law Review, 89*(1), pp.1~33.

Costanza-Chock, S.(2020). *Design justice: Community-led practices to build the worlds we need.* MIT Press.

Crespo Cuaresma, J. et al.(2021). Measuring internet poverty. Brookings Institution.

Curto, G. et al.(2024). Are AI systems biased against the poor? A machine learning analysis using Word2Vec and GloVe embeddings. *AI & Society, 39*, pp.617~632.

Eubanks, V.(2018). *Automating inequality: How high-tech tools profile, police, and punish the poor.* St. Martin's Press.

Hardin, G.(1968). The tragedy of the commons. *Science, 162*(3859), pp.1243~1248.

Huang, S. & Manning, S.(2025). Here's how to share AI's future wealth. *Noema Magazine.*

Noble, S. U.(2018). *Algorithms of oppression: How search engines reinforce racism.* New York University Press.

O'Neil, C.(2016). *Weapons of math destruction: How big data increases inequality and threatens democracy.* Crown.

Wang, C. et al.(2024). The artificial intelligence divide: Who is the most vulnerable? *New Media & Society.* Advance online publication.

06
노동 시장의 AI 혁명과 계층 재편

"자동화는 생산성을 높이는 동시에 노동 수요를 감소시킬 수 있다." AI 혁명이 가져온 노동 시장의 변화는 이중적 성격을 지닌다. 알고리즘 통제와 숙련 프리미엄의 재편이 진행되면서 인지 격차가 새로운 계층 분화를 야기하고 있다. 포용적 AI 설계 없이는 기술 진보가 모두의 번영이 아닌 소수의 특권으로 귀결될 위험이 크다.

AI와 야구?

AI 혁명과 불평등의 구조적 심화

AI 기술은 사회 전반에 걸쳐 생산과 고용의 방식을 혁신하면서도 자동화된 불평등을 내재화하고 있다(Eubanks, 2018). AI를 활용한 의사 결정 시스템은 방대한 데이터와 알고리즘에 기반하여 객관성을 표방하지만 그 결과는 기존 사회적 편향과 격차를 그대로 반영하거나 더욱 강화한다. 이는 AI가 공정성 환상을 불러일으키는 한편으로 차별과 불평등을 보이지 않게 만들 위험을 내포한다(O'Neil, 2016). 예컨대 채용, 승진, 신용 평가 등에 사용되는 알고리즘은 과거 자료의 편향을 학습함으로써 특정 집단에 불리한 결정을 지속적으로 내릴 수 있다. 이처럼 알고리즘이 편향적으로 작동할 경우 겉보기에는 합리적인 기준에 따른 결정처럼 보여도 사실상 기존의 불평등 구조를 자동화하여 재생산하는 효과를 낳는다(O'Neil, 2016).

한편 AI 기술 확산으로 인한 AI 불평등이라는 개념도 등장하고 있다. AI 불평등이란 AI의 개발과 활용으로 인해 발생하거나 심화되는 사회 경제적 격차를 의미한다. 첨단 AI에 접근하고 이를 활용할 수 있는 집단과 그렇지 못한 집단 사이에 인지적 격차가 커지면서 새로운 형태의 디지털 계층화가 나타나고 있다. 이는 단순한 디지털 격차를 넘어 AI를 다룰 수 있는 소수의 인지 엘리트와 자동화에 의해 일자리 위협을 받거나 기술 활용 능력이 부족한 계층 간의 간극으로 파악된다. 결과적으로 AI 혁명은 경제 성장의 과실을 소수의 고숙련자와 자본 소유자에게 집중시키고 기존의 노동 계층, 특히 저숙련 노동자들에게는 상대적 박탈을 초래할 가능성이 높다(Korinek & Stiglitz, 2017). 실제로 지난 수십 년간 정보 기술 발전으로 인한 생산성 향상이 노동 소득의 향상이나 포용적 성장으로 이어지지 못하고, 상당 부분 자본과 최고 숙련자에게 귀속되어 왔다는 지적이 있다(Autor, 2015). AI 시대에는 이러한 경향이 더욱 두드러질 수 있다. AI가 고도화될수록 노동의 몫은 줄어들고 자본의 몫이 커지며 이에 따라 부와 소득의 양극화가 구조적으로 확대될 것이라는 전망이다(Acemoglu & Johnson, 2023). 요컨대 AI 혁명은 기술 진보의 혜택을 광범위하게 확산시키기보다 사회 경제적 지위에 따른 격차를 구조화하고 심화하는 방향으로 작용할 우려가 있다.

알고리즘 노동 통제와 숙련 프리미엄의 재편

AI는 노동 현장에서 알고리즘을 통한 새로운 통제 방식을 가져왔다. 이른바 알고리즘적 노동 통제란, 기업이 알고리즘과 데이터에 기반하여 작업 지시, 감시, 평가를 수행함으로써 노동 과정을 관리하는 방식을 뜻한다. 플랫폼 노동이나 디지털 현장에서는 이미 알고리즘이 관리자 역할을 대행하여 운송·배달 기사나 콜센터 직원, 콘텐츠 검열자 등의 업무를 실시간으로 배정하고 성과를 측정하며 보상을 결정한다(Rosenblat & Stark, 2016). 이러한 알고리즘은 겉보기에는 중립적인 코드이지만 사실상 경영자의 통제 논리를 내포하고 있어 보이지 않는 규율 기제로 기능한다(Christin, 2020). 예를 들어 승차 공유 플랫폼 알고리즘은 운전자들에게 보상이나 페널티를 자동 부여하면서 업무 강도를 조절하고, 콘텐츠 플랫폼 추천 알고리즘은 크리에이터의 행동을 일정 방향으로 유도한다. 문제는 이러한 과정이 불투명하게 이루어져 노동자들이 알고리즘의 의사 결정 기준이나 변경에 접근하지 못한다는 점이다(Rosenblat & Stark, 2016). 정보의 비대칭과 절차의 불투명성 때문에 노동자는 자신의 작업 환경에 대한 예측이나 통제 권한을 상실하고, 회사는 일방적으로 효율을 극대화하는 방향으로 노동을 조직한다. 그 결과 노동자들은 공식 고용 관계 바깥에서 프레카리아트적 지위에 놓이거나 알고리즘 평가에 맞추어 자기 행동을 조절하는 자기 규율화된 노동자로 변화한다. 이러한 알고리즘 통제는 전통적인 관리 감독보다 광범위하고 미시적인 통제가 가능하기 때문에 하위 노동 계층의 종속성을 강화하고 계층 간 권력 격차를 구조화하는 데 기여한다(Rosenblat & Stark, 2016).

AI는 또한 어떤 기술과 숙련에 프리미엄이 부여되는지를 변화시키며 노동 시장의 숙련 구조를 재편하고 있다. 산업화와 정보화 시대에는 고등 교육이나 전문 기술을 갖춘 노동자가 높은 임금 프리미엄을 누리는 숙련 편향 기술 진보가 진행되어 왔다(Autor, 2015). 그러나 AI 시대에는 이러한 전통적 숙련 프리미엄의 양상이 복잡해지고 있다. 우선 AI는 인지적 · 반복적 업무를 자동화함으로써 일부 중간 숙련 일자리의 가치를 떨어뜨릴 수 있다. 예컨대 금융 분석, 법률 검토, 언론 기사 작성 등 기존에 고학력 전문직이 담당하던 일부 과업들을 AI가 빠르고 저렴하게 수행하게 되면 해당 분야 종사자의 상대적 임금 가치가 하락할 수 있다. 동시에 AI를 다루는 새로운 숙련이 부상하고 있다. 데이터 과학, 머신러닝 모델 개발, AI와의 협업 능력 등 AI 관련 역량을 갖춘 인력은 노동 시장에서 높은 수요와 보상을 받는 경향이 뚜렷하다(Drydakis, 2024). 실제 연구에 따르면 AI 기술 교육을 받은 구직자는 그렇지 않은 이들보다 채용 면접 기회를 얻을 확률이 훨씬 높고, 그들에게 제시되는 초봉도 유의미하게 높았다(Drydakis, 2024). 기업들은 AI 활용 능력을 새로운 인적 자본으로 간주하여 이를 보유한 인재에게 임금 프리미엄을 지급하고 있으며, 특히 대규모 기업일수록 이러한 경향이 두드러진다(Drydakis, 2024).

이러한 변화는 숙련 프리미엄의 지형도를 재편하고 있다. 한편으로 AI는 일부 저숙련 노동자를 보완하여 생산성을 높여 줌으로써 경험이나 숙련이 낮은 노동자도 일정 수준 이상의 성과를 낼 수 있게 한다는 긍정적 사례가 보고되기도 한다(Autor et al., 2020). 예를 들어 생성형 AI 도구를 활용하면 신입 직원도 숙련자에 버금가는 초안을 작성하거나 코딩을 수행할 수 있어 업무 격차를 줄일 수 있다는 것이다. 그러나 이러한 국지적 효과에도 불구하고 거시적 추세는 여전히 고숙련 노동자에게 유리하게 돌아가고 있다. 최신 AI 기술의 생산성 향상 효과는 고임금 직업군에 상대적으로 집중되고, 저임금 대면 서비스업이나 육체노동 분야에는 그 혜택이 미치지 못하거나 오히려 일자리 감소로 연결되고 있다(Acemoglu & Johnson, 2023). 요컨대 AI는 상향식(skill-upgrading)으로 작용하는 측면과 기술 대체로 작용하는 측면을 모두 지니지만, 현 시점에서는 높은 교육과 AI 활용 능력을 갖춘 노동자가 더 많은 보상을 받고 그렇지 못한 노동자는 일자리 상실이나 임금 정체로 이어지는 이중적 양극화가 진행 중이라고 볼 수 있다. 이러한 숙련 프리미엄 재편은 결국 노동 계층의 지형을 변화시켜 한쪽에는 AI 전문 지식을 갖춘 소수의 핵심 인력과 이들을 고용한 자본가가 있고, 다른 한쪽에는 자동화에 쉽게 대체되거나 플랫폼을 통해 조직되는 다수의 주변 노동자가 존재하는 구조로의 계층 재편을 야기하고 있다.

인지 격차와 포용적 인공지능 설계

AI 시대의 불평등을 심화하는 중요한 요인 중 하나는 인지 격차다. 인지 격차란 AI를 이해하고 활용할 수 있는 집단과 그렇지 못한 집단 사이의 지식 · 정보 격차를 가리킨다. 오늘날 AI 기술은 급속히 발전하지만 이를 추적하고 습득할 수 있는 능력은 개인별 · 집단별로 크게 차이가 난다. 높은 디지털 리터러시 교육을 받은 사람들은 AI를 도구로 삼아 자신의 역량을 확대하지만 교육 수준이 낮거나 디지털 접근성이 부족한 사람들은 AI 활용에서 소외된다. 이러한 격차는 시간이 지날수록 누적되어 사회 내 인지 계층화를 초래한다. 일례로 복잡한 AI 시스템의 의사 결정에 대해 일반 대중이 이해하거나 이의를 제기하기 어려운 상황에서는 인지 엘리트가 사실상 의사 결정 권력을 독점하게 된다. 이로 인해 다수의 노동자와 시민은 AI가 가져온 부와 기회를 향유하지 못한 채 디지털 빈곤 상태에 머무를 가능성이 있다. 실제로 AI 기반 복지 심사나 신용 스코어링 시스템에서 사회 취약 계층이 불리한 평가를 받아 필수 서비스 접근이 차단되는 사례가 보고되는데, 이는 AI 기술이 가장 도움이 될 수 있는 빈곤층에게 오히려 벌점으로 작용하여 그들을 더욱 취약하게 만드는 디지털 빈곤의 심화라 볼 수 있다 (Eubanks, 2018). 다시 말해 AI가 사회 안전망이나 기회 구조에 투입될 때 설계 단계의 편향과 환경적 격차를 고려하지 않으면 기존의 빈곤선 이하 계층은 더욱 불리한 조건에 처하게 된다.

뿐만 아니라 AI 시스템에서 발생하는 알고리즘 편향은 사회적 불공정을 자동화하여 포장된 차별을 양산할 수 있다. 알고리즘 편향이란 AI 모델이 학습 데이터나 설계자의 주관으로 인해 특정 집단에 체계적으로 불리하거나 유리하게 작동하는 현상이다. 예컨대 얼굴 인식 AI가 유색 인종의 얼굴을 정확히 인식하지 못하거나 채용 알고리즘이 과거 남성 지원자에 유리한 데이터를 학습하여 여성 지원자를 낮게 평가하는 식의 사례들이다. 이러한 편향이 문제적인 이유는 AI 결정이 객관적이고 과학적이라는 인식 때문에 그것이 만들어 내는 차별이 쉽게 간과되거나 용인될 수 있기 때문이다. 다시 말해 알고리즘 결과 뒤에 숨은 편향을 드러내지 않으면 사회는 공정성의 일루전(illusion)에 빠져 구조적 불평등이 지속되는 것을 방치하게 된다(O'Neil, 2016). 따라서 AI 시대의 불평등은 기술 그 자체의 발전 못지않게 제도적 · 설계적 개입의 부재에서 기인하는 면이 크다.

이런 맥락에서 포용적 인공지능 설계(inclusive AI design)가 중요한 대응 전략으로 부각되고 있다. 포용적 AI 설계란 다양한 사용자 집단의 관점과 필요를 반영하여 AI 시스템을 개발하는 접근법으로, 기술 설계 단계부터 형평성과 대표성을 고려함으로써 알고리즘 편향과 자동화된 불공정을 줄이고자 한다(Costanza-Chock, 2020). 구체적으로는 데이터 수집 시 인구 집단의 다양성을 확보하고 모델 훈련 과정에서 특정 집단에 대한 차별적 오류율이 발생하지 않도록 조정하며, 결과 활용 단계에서 설명 가능성과 책임성을 부여하는 것을 포함한다. 예를 들어 AI 개발 팀에 사회적 소수자와 인문 사회 전문가를 참여시켜 시스템이 간과하기 쉬운 편향 요인을 점검하게 하고, 주기적인 공정성 감사를 통해 알고리즘 결정이 특정 계층에 미치는 영향을 평가하는 방식이다. 또한 사용자 친화적 인터페이스와 디지털 문해력 교육을 통해 더 많은 사람들이 AI를 활용할 수 있게 지원하는 것도 포용적 설계의 일환이다. 이러한 노력이 뒤따를 때 AI 기술은 일부만의 자본이 아닌 모두의 도구로 기능하며 인지 격차로 인한 계층 분화를 완화할 수 있을 것이다(Costanza-Chock, 2020).

마지막으로 AI 시대의 불평등 문제는 단일 기업이나 개인의 노력만으로 해결되기 어려운 집합적 과제임을 인식할 필요가 있다. 각 기업이 경쟁적으로 AI를 도입하여 효율을 추구하는 행위가 누적될 때 사회 전체적으로는 일자리 불안과 공정성 훼손이라는 공유지의 비극에 직면할 수 있다. 따라서 정부와 국제기구의 정책적 개입과 규범 정립이 요구된다. 공정한 노동 전환 지원 정책, 알고리즘 투명성 규제, AI 결과에 대한 책임 규정 그리고 사회적 대화와 협의를 통한 윤리적 AI 가이드라인 수립 등이 그 예다. 요컨대 AI로 인한 노동 시장 계층 재편은 기술의 자동적인 결과가 아니라 사회가 어떻게 대응하느냐에 따라 그 모양이 달라질 것이다. 포용적 설계와 적극적 정책을 통해 AI를 포용적 혁신의 방향으로 이끌 때 비로소 AI 시대 평등과 번영의 모순적 과제를 풀어 갈 실마리를 찾을 수 있을 것이다.

참고문헌

Acemoglu, D. & Johnson, S.(2023). *Power and Progress: Our Thousand-Year Struggle Over Technology and Prosperity.* Basic Books.

Acemoglu, D. & Restrepo, P.(2019). Automation and new tasks: How technology displaces and reinstates labor. *Journal of Economic Perspectives, 33*(2), pp.3~30.

Autor, D. H.(2015). Why are there still so many jobs? The history and future of workplace automation. *Journal of Economic Perspectives, 29*(3), pp.3~30.

Autor, D. H. et al.(2020). *The Work of the Future: Building Better Jobs in an Age of Intelligent Machines.* MIT.

Christin, A.(2020). Algorithms at work: The new contested terrain of control. *Academy of Management Annals, 14*(1), pp.366~410.

Costanza-Chock, S.(2020). *Design Justice: Community-Led Practices to Build the Worlds We Need.* MIT Press.

Drydakis, N.(2024). Artificial intelligence capital and employment prospects. *Oxford Economic Papers, 76*(4), pp.901~919.

Eubanks, V.(2018). *Automating Inequality: How High-Tech Tools Profile, Police, and Punish the Poor.* St. Martin's Press.

Korinek, A. & Stiglitz, J. E.(2017). Artificial Intelligence and Its Implications for Income Distribution and Unemployment(Working Paper No. 24174). National Bureau of Economic Research.

O'Neil, C.(2016). *Weapons of Math Destruction: How Big Data*

Increases Inequality and Threatens Democracy. Crown.
Rosenblat, A. & Stark, L.(2016). Algorithmic labor and information asymmetries: A case study of Uber's drivers. *International Journal of Communication, 10*, pp.3758~3784.

07
알고리즘 권력과 디지털 민주주의의 과제

"지식이 무지를 영원히 지배할 것이다. 스스로를 통치하려는 사람들은 지식이 주는 힘으로 무장해야 한다." 민주주의의 핵심은 시민의 자치권이지만 AI 시대에는 알고리즘이 불투명한 권력으로 작동한다. 데이터 주권과 알고리즘 투명성을 확보하지 못하면 시민은 자신을 지배하는 코드를 이해할 수 없게 되어 진정한 민주적 거버넌스가 불가능해진다.

AI와 윤동주?

데이터 불평등과 디지털 시민권의 위기

AI 시대의 평등을 논하려면 데이터 접근권과 통제권을 둘러싼 새로운 형태의 불평등을 이해해야 한다. 데이터는 21세기의 새로운 생산 수단이자 권력의 원천으로 부상했지만 그 소유와 통제가 극도로 불평등하게 분배되어 있다. 소수 거대 기술 기업들이 전 세계 인구의 디지털 활동에서 생성되는 데이터를 독점적으로 수집하고 활용하는 반면, 데이터의 실제 생산자인 개인들은 이에 대한 실질적 통제권을 갖지 못한다. 이러한 데이터 불평등은 단순한 경제적 격차를 넘어 민주적 평등의 근간을 위협하는 구조적 문제다.

데이터 불평등은 우선 정보 접근의 비대칭성에서 시작된다. 개인들은 자신의 데이터가 어떻게 수집되고 활용되는지에 대한 충분한 정보를 얻기 어렵다. 복잡하고 방대한 개인 정보 처리 방침이나 서비스 약관은 실질적으로 이해하기 어려워 진정한 동의를 불가능하게 만든다. 더욱 심각한 것은 개인이 자신의 데이터 활용에 대해 거부하거나 철회할 수 있는 실질적 선택권이 제한되어 있다는 점이다. 디지털 서비스가 일상생활의 필수 인프라가 된 상황에서 개인은 불평등한 조건을 수용할 수밖에 없는 구조적 강제에 놓인다(Zuboff, 2019).

이러한 데이터 불평등은 디지털 시민권의 위기로 이어진다. 전통적인 시민권이 정치적 참여권, 사회적 권리 등을 포괄했다면 디지털 시민권은 데이터에 대한 자기 결정권, 알고리즘 의사 결정에 대한 이해권과 이의 제기권, 디지털 서비스에 대한 공정한 접근권 등을 포함한다. 그러나 현실에서는 이러한 권리들이 제대로 보장되지 않고 있다. 개인의 데이터는 동의 없이 수집되고 알고리즘 의사 결정은 불투명하게 이루어지며 디지털 서비스 접근은 경제적 지위나 기술적 역량에 따라 차별적으로 제공된다.

특히 AI 스코어링 시스템이 확산되면서 데이터 불평등이 사회적 기회의 불평등으로 직결되는 양상을 보인다. 신용 평가, 채용 심사, 보험료 산정, 복지 심사 등에 AI 알고리즘이 활용되면서 개인의 디지털 발자국이 사회적 지위를 결정하는 핵심 요소가 되었다. 문제는 이러한 평가 과정이 불투명하고 편향적일 수 있다는 점이다. 데이터가 부족하거나 알고리즘에 적합하지 않은 패턴을 보이는 개인들은 체계적으로 불이익을 받을 수 있다. 이는 디지털 시대 새로운 형태의 사회적 배제를 만들어 낸다(Eubanks, 2018).

더욱 심각한 것은 데이터 불평등이 자기 강화적 성격

을 띤다는 점이다. AI 시스템의 성능은 데이터의 양과 질에 의존하기 때문에 더 많은 데이터를 보유한 주체가 더 정교한 AI를 개발하고 이를 통해 더 많은 데이터를 수집하는 선순환 구조를 만든다. 반면 데이터 접근권이 제한된 개인이나 집단은 AI의 혜택에서 소외되고 오히려 불리한 평가를 받을 위험이 증가한다. 이러한 '데이터 부익부 빈익빈' 현상은 AI 시대의 불평등을 구조적으로 고착화한다.

알고리즘 권력과 민주적 평등의 충돌

AI 시대 평등 문제는 알고리즘 권력의 집중과 민주적 평등 원칙의 충돌에서 더욱 첨예하게 드러난다. 알고리즘은 이제 개인의 일상적 선택부터 사회적 자원 배분까지 광범위한 영역에서 의사 결정 권한을 행사하고 있다. 그러나 이러한 알고리즘 권력은 민주적 통제나 견제 없이 소수의 기술 기업과 전문가 집단에 의해 독점되고 있어 민주적 평등의 기본 전제를 위협한다.

알고리즘 권력의 첫 번째 문제는 의사 결정 과정의 불투명성이다. 대부분의 AI 시스템은 복잡한 기계 학습 알고리즘을 기반으로 하여 일반 시민들이 이해하기 어려운 구조를 갖는다. 설사 알고리즘의 기술적 세부 사항이 공개된다 하더라도 그것이 어떤 가치 판단을 내포하고 있는지, 어떤 사회적 결과를 낳을지 예측하기는 쉽지 않다. 이러한 인지적 접근성의 한계는 시민들이 자신들을 지배하는 규칙을 이해하고 민주적으로 통제할 수 있는 가능성을 원천적으로 차단한다.

두 번째 문제는 알고리즘 설계 과정에서의 민주적 참여 부재다. 현재 대부분의 AI 시스템은 기업 내부의 기술진이나 소수의 전문가 집단에 의해 설계되고 있다. 이 과정에서 다양한 사회 집단의 이해관계나 가치관이 충분히 반영되지 않아 특정 집단에 유리하거나 불리한 편향이 알고리즘에 내재될 수 있다. 예를 들어 채용 알고리즘이 과거 남성 중심의 채용 데이터를 학습하여 여성 지원자를 체계적으로 차별하거나, 안면 인식 시스템이 특정 인종에 대해 높은 오인율을 보이는 사례들이 이를 보여준다(O'Neil, 2016).

세 번째 문제는 알고리즘 결정에 대한 이의 제기와 구제 절차의 부재다. 전통적인 관료제하에서는 행정 결정에 대해 이의를 제기하고 사법부의 심사를 받을 수 있는 절차가 마련되어 있었다. 그러나 알고리즘 의사 결정에 대해서는 이러한 구제 장치가 충분히 발달하지 않았다. 개인이 AI 시스템의 결정에 불복하려 해도 그 근거를 파악하기 어렵고, 설사 문제를 제기한다 하더라도 이를 검토하고 시정할 수 있는 제도적 장치가 미비하다.

이러한 알고리즘 권력의 특성은 민주적 평등의 핵심 원칙들과 충돌한다. 민주주의는 모든 시민이 정치적 의사 결정 과정에 평등하게 참여할 수 있어야 하고, 권력 행사가 투명하고 책임감 있게 이루어져야 하며 피지배자가 지배 권력을 통제할 수 있어야 한다는 원칙에 기반한다. 그러나 현재의 알고리즘 거버넌스는 이러한 원칙들을 충족하지 못하고 있다. 소수의 기술 엘리트가 다수의 삶을 좌우하는 규칙을 일방적으로 결정하는 구조는 민주적 평등과 양립하기 어렵다.

더욱 우려스러운 것은 AI 기술의 발전이 이러한 권력 집중을 더욱 심화할 수 있다는 점이다. AI의 성능이 향상될수록 더 많은 영역에서 인간의 판단을 대체하게 되고, 이는 알고리즘을 통제하는 소수의 권력이 더욱 막강해짐을 의미한다. 만약 이러한 추세가 지속된다면 AI 시대 사회는 소수의 '알고리즘 귀족'이 다수의 '디지털 농민'을 지배하는 새로운 형태의 계급 사회로 변모할 위험이 있다.

데이터 주권을 통한 평등 실현 방안

AI 시대의 평등을 실현하기 위해서는 데이터 주권 확립이 핵심적 과제다. 데이터 주권이란 개인과 공동체가 자신들의 데이터에 대해 실질적인 통제권과 결정권을 갖는 것을 의미한다. 이는 단순히 개인 정보 보호를 넘어 데이터로부터 창출되는 가치의 공정한 분배와 데이터 기반 의사 결정 과정에 대한 민주적 통제를 포괄하는 개념이다.

데이터 주권 실현의 첫 번째 방안은 개인 데이터권의 강화다. 유럽 연합의 '일반데이터보호규정(GDPR)'이 제시한 데이터 이동권, 삭제권, 프로파일링 거부권 등을 더욱 확대하고 실효성을 높여야 한다. 특히 개인이 자신의 데이터 활용에 대해 의미 있는 선택을 할 수 있도록 정보 제공과 동의 절차를 개선해야 한다. 복잡한 개인 정보 처리 방침 대신 시민들이 쉽게 이해할 수 있는 형태로 데이터 활용 내용을 설명하고, 개인이 원하지 않는 활용에 대해서는 거부할 수 있는 실질적 선택권을 보장해야 한다.

두 번째 방안은 집단적 데이터 거버넌스 모델 구축이다. 개인의 힘만으로는 거대 기술 기업에 대응하기 어렵기 때문에 집단적 차원에서 데이터를 관리하고 통제할 수 있는 새로운 제도가 필요하다. 데이터 신탁(data trust)이나 데이터 협동조합 같은 모델을 통해 개인들이 자신의 데이터를 공동으로 관리하고, 이로부터 발생하는 가치를 공정하게 분배받을 수 있도록 해야 한다. 이는 디지털 시대의 공유지를 시민들이 자주적으로 관리하는 실험으로 볼 수 있다(McDonald & Milne, 2019).

세 번째 방안은 공공 데이터 인프라 구축이다. 소수 기업의 데이터 독점에 대응하기 위해서는 공공 부문이 주도하는 데이터 인프라가 필요하다. 정부와 공공 기관이 보유한 데이터를 개방하고, 시민들이 이를 활용하여 공익적 목적의 AI 서비스를 개발할 수 있도록 지원해야 한다. 또한 민간 기업들이 독점하고 있는 핵심 데이터에 대해서도 공공 접근권을 확보하여 AI 기술 개발의 기회를 민주화해야 한다.

네 번째 방안은 알고리즘 투명성과 설명 가능성의 제도화다. AI 시스템의 의사 결정 과정이 투명하게 공개되고 그 결과에 대한 설명이 제공되어야 시민들이 알고리즘 권력을 민주적으로 통제할 수 있다. 특히 공공 부문에서 활용되는 AI 시스템에 대해서는 엄격한 투명성 기준을 적용하고, 시민들이 이를 감시하고 평가할 수 있는 제도적 장치를 마련해야 한다.

다섯 번째 방안은 알고리즘 거버넌스에 대한 민주적 참여 확대다. AI 시스템의 설계와 운영에 다양한 사회 집단이 참여할 수 있는 제도를 만들어야 한다. 시민 배심원

제, 참여 예산제와 같은 기존의 참여 민주주의 제도를 AI 거버넌스 영역으로 확장하여 시민들이 자신들의 삶에 영향을 미치는 알고리즘 규칙을 직접 결정할 수 있도록 해야 한다. 또한 AI 개발자와 운영자에 대한 윤리 교육과 사회적 책임 의식 제고도 병행되어야 한다.

마지막으로 국제적 차원에서의 협력도 중요하다. 데이터와 AI 기술은 국경을 초월하여 작동하기 때문에 단일 국가의 노력만으로는 한계가 있다. 데이터 주권과 알고리즘 거버넌스에 관한 국제적 규범과 협력 체계를 구축하여 전 지구적 차원에서 AI 시대의 평등을 추구해야 한다. 특히 개발 도상국이나 취약 계층이 AI 기술의 혜택에서 소외되지 않도록 하는 국제적 연대와 지원이 필요하다.

결론적으로 AI 시대의 평등은 기술적 중립성이나 시장 메커니즘만으로는 달성될 수 없다. 데이터 주권 확립과 알고리즘 거버넌스 민주화를 통해 AI 기술이 소수의 특권이 아닌 모든 시민의 공동 자산이 될 수 있도록 적극적인 정책적 개입이 필요하다. 이는 단순히 기술을 규제하는 것이 아니라 디지털 시대의 새로운 사회 계약을 민주적으로 재정의하는 과제다. 시민들이 집단적으로 AI 권력을 견제하고 통제할 수 있을 때 비로소 AI 시대에도 평등하고 민주적인 사회를 구현할 수 있을 것이다.

참고문헌

Eubanks, V.(2018). *Automating inequality: How high-tech tools profile, police, and punish the poor.* St. Martin's Press.

Madison, J.(1822). Letter to W. T. Barry. In G. Hunt (Ed.), *The writings of James Madison, 9*, pp. 103~109. G. P. Putnam's Sons.

McDonald, S. & Milne, R.(2019). Corporate power and the governance of data: A review of the issues around data sovereignty. *Information, Communication & Society, 22*(2), pp.150~167.

O'Neil, C.(2016). *Weapons of math destruction: How big data increases inequality and threatens democracy.* Crown.

Open Government Partnership(2023). Digital governance: Automated decision-making, algorithms, and artificial intelligence.

Rahwan, I.(2018). Society-in-the-loop: Programming the algorithmic social contract. *Ethics and Information Technology, 20*(1), pp.5~14.

Zuboff, S.(2019). *The age of surveillance capitalism: The fight for a human future at the new frontier of power.* PublicAffairs.

08
AI 리터러시와 교육 기회의 평등화

"21세기의 문맹자는 글을 읽고 쓸 줄 모르는 사람이 아니라 배운 것을 버리고 다시 배우지 못하는 사람이다." AI 시대의 교육 혁명은 단순한 기술 도입을 넘어 학습의 본질적 변화를 요구한다. 인공지능이 교육 전 영역에 스며들면서 새로운 형태의 교육 불평등이 등장하고 있다. 비판적 AI 리터러시 교육과 기술 활용을 통한 교육 기회 평등화가 미래 사회의 핵심 과제가 되었다.

AI와 한의학?

비판적 AI 리터러시 교육의 설계

AI 시대의 교육 평등을 실현하기 위해서는 무엇보다 비판적 AI 리터러시 교육의 체계적 설계가 필요하다. 기존의 AI 교육이 주로 기술적 활용법에 초점을 맞추었다면 비판적 AI 리터러시는 인공지능의 사회적 함의와 윤리적 쟁점을 이해하고 비판적으로 평가할 수 있는 능력을 포괄한다. 이는 단순히 AI 도구를 사용하는 법을 배우는 것이 아니라 AI가 사회에 미치는 영향을 분석하고, 그 한계와 편향을 인식하며 인간 중심적 관점에서 기술을 평가할 수 있는 역량을 기르는 교육이다.

비판적 AI 리터러시 교육의 첫 번째 요소는 알고리즘적 사고와 데이터 이해 능력이다. 학습자들이 AI 시스템이 어떻게 작동하는지 기본 원리를 이해하고 데이터의 수집과 처리 과정에서 발생할 수 있는 편향을 인식할 수 있어야 한다. 예를 들어 얼굴 인식 시스템이 특정 인종에 대해 높은 오류율을 보이는 이유나 채용 알고리즘이 성별 편향을 나타내는 원인을 이해할 수 있는 능력이 포함된다(Noble, 2018). 이러한 이해를 바탕으로 학습자들은 AI 시스템의 결과를 맹신하지 않고 비판적으로 검토할 수 있게 된다.

두 번째 요소는 AI 윤리와 사회적 책임에 대한 교육이다. 인공지능 기술의 발전이 개인의 프라이버시, 사회적 공정성, 인간의 존엄성에 미치는 영향을 체계적으로 학습해야 한다. 특히 AI 의사 결정이 개인의 삶에 미치는 구체적 영향을 사례 중심으로 학습하여 기술적 효율성과 인간적 가치 사이의 균형을 고려할 수 있는 판단력을 기를 필요가 있다. 학습자들은 AI 기술의 혜택을 누리면서도 그것이 야기할 수 있는 사회적 위험을 인식하고 대응할 수 있는 시민적 소양을 갖추어야 한다.

세 번째 요소는 미디어 리터러시와 정보 검증 능력의 강화다. 생성형 AI의 확산으로 가짜 뉴스, 딥페이크, AI 생성 콘텐츠가 급증하면서 정보의 진위를 판별하는 능력이 더욱 중요해졌다. 학습자들은 AI가 생성한 텍스트, 이미지, 영상을 식별하고 그 신뢰성을 평가할 수 있는 능력을 갖추어야 한다. 또한 검색 알고리즘이나 추천 시스템이 어떻게 정보 접근을 제한하거나 편향시킬 수 있는지 이해하고 다양한 관점의 정보를 능동적으로 탐색할 수 있는 역량을 기르는 것이 필요하다.

네 번째 요소는 참여적 설계와 민주적 거버넌스에 대한 이해다. AI 시스템의 설계와 운영 과정에 시민들이 어떻게 참여할 수 있는지, 알고리즘 의사 결정에 대한 투명성과 책임성을 어떻게 요구할 수 있는지를 학습해야 한다. 이는 AI 기술을 수동적으로 받아들이는 것이 아니라 능동적으로 형성하고 통제할 수 있는 시민적 역량을 기르는 것이다. 학습자들은 AI 거버넌스에 참여하는 방법을 익히고 기술 발전의 방향성에 대해 민주적으로 의견을 개진할 수 있는 능력을 갖추어야 한다(Rahwan, 2018).

교육 불평등 해소를 위한 AI 기술 활용

AI 기술 자체를 교육 불평등 해소의 도구로 활용하는 것은 교육 평등화의 중요한 전략이다. 적절히 설계된 AI 교육 시스템은 개인 맞춤형 학습을 통해 학습자의 수준과 속도에 맞는 교육을 제공할 수 있어 기존 교육 시스템에서 소외되기 쉬운 학습자들에게 새로운 기회를 제공할 수 있다. 특히 경제적 어려움이나 지리적 제약으로 양질의 교육에 접근하기 어려운 학습자들에게 AI 기반 교육 도구는 교육 기회를 확대하는 역할을 할 수 있다.

개인 맞춤형 학습 시스템은 학습자의 학습 패턴, 이해도, 관심사를 분석하여 최적화된 학습 경로를 제시한다. 이를 통해 학습 부진 학생들은 자신의 속도에 맞춰 기초를 다질 수 있고, 우수한 학생들은 더 도전적인 과제를 수행할 수 있다. 특히 학습 장애가 있는 학생이나 특수 교육이 필요한 학생들에게는 AI 기반 보조 기술이 교육 접근성을 크게 향상할 수 있다. 음성 인식, 자동 번역, 텍스트 음성 변환 등의 기술을 통해 다양한 학습 필요를 가진 학생들이 동등한 교육 기회를 누릴 수 있게 된다.

AI 튜터링 시스템의 발전은 교사 부족 문제가 심각한 지역이나 분야에서 특히 중요한 역할을 할 수 있다. 고품질 AI 튜터는 24시간 언제든지 개별 학생의 질문에 답하고 학습을 지원할 수 있어 교육 자원이 부족한 환경에서도 양질의 교육을 제공할 수 있다. 또한 다국어 지원 기능을 통해 언어적 장벽을 해소하고 전 세계 어디서나 동일한 수준의 교육 콘텐츠에 접근할 수 있게 한다. 이는 교육의 지역적 격차를 줄이고 글로벌 교육 평등에 기여할 수 있다(Chen et al., 2020).

그러나 AI 기술을 교육 불평등 해소에 활용할 때는 몇 가지 주의 사항이 필요하다. 첫째, 디지털 격차로 인해 AI 교육 도구에 접근할 수 없는 학습자들이 추가적으로 소외되지 않도록 인프라와 지원 체계를 구축해야 한다. 둘째, AI 시스템 자체에 내재된 편향이 교육 과정에서 재생산되지 않도록 지속적인 모니터링과 개선이 필요하다. 셋째, AI 도구에 과도하게 의존하여 학습자의 비판적 사고나 창의성이 저해되지 않도록 균형 잡힌 교육 설계가 중요하다.

무엇보다 AI 기술을 활용한 교육 혁신이 상업적 이익에만 치우치지 않고 공공성을 확보하는 것이 중요하다. 교육용 AI 시스템 개발과 운영에서 학습자의 데이터 보호, 알고리즘의 투명성, 교육적 효과의 검증 등이 보장되어야 한다. 또한 AI 교육 도구가 기존 교사를 대체하는 것이 아니라 보완하는 역할을 하도록 하여 인간적 상호작용과 사회적 학습의 가치를 유지해야 한다(Holstein et al., 2019).

인지 역량의 사회적 분배와 교육 정의

AI 시대의 교육 정의를 실현하기 위해서는 인지 역량을 사회적 자원으로 인식하고 이를 공정하게 분배하는 정책적 접근이 필요하다. 인지 역량이란 정보를 처리하고 분석하며, 문제를 해결하고 새로운 상황에 적응할 수 있는 지적 능력을 의미한다. AI 시대에는 이러한 인지 역량이 개인의 사회 경제적 성취를 좌우하는 핵심 요소가 되었으며, 따라서 이를 평등하게 개발하고 분배하는 것이 사회 정의의 중요한 과제가 되었다.

교육 정의의 관점에서 볼 때 모든 개인은 자신의 인지적 잠재력을 최대한 발휘할 수 있는 교육 기회를 보장받을 권리가 있다. 이는 단순히 동일한 교육 자원을 제공하는 형식적 평등을 넘어 개인의 출발점과 필요에 따라 차별화된 지원을 제공하는 실질적 평등을 추구하는 것이다. AI 기술은 이러한 개별화된 교육 지원을 가능하게 하는 도구이지만 동시에 새로운 형태의 교육 불평등을 야기할 수도 있다는 점에서 신중한 접근이 필요하다.

인지 역량의 사회적 분배에서 중요한 원칙 중 하나는 기회의 평등이다. 이는 개인의 사회 경제적 배경에 관계없이 모든 사람이 고품질의 AI 리터러시 교육을 받을 수 있어야 함을 의미한다. 공교육 시스템에서 AI 교육을 필수 과정으로 도입하고, 경제적 어려움을 겪는 가정의 학생들에게는 디지털 기기와 인터넷 접속을 지원하는 정책이 필요하다. 또한 성인 학습자를 위한 AI 리터러시 교육 프로그램을 확대하여 평생 학습의 기회를 보장해야 한다.

두 번째 원칙은 다양성 존중이다. AI 리터러시 교육은 다양한 문화적, 언어적 배경을 가진 학습자들의 특성을 고려하여 설계되어야 한다. 획일적인 교육 방식이 아니라 다양한 학습 스타일과 속도를 수용할 수 있는 유연한 교육 체계가 필요하다. 특히 여성, 소수 민족, 장애인 등 기존 교육 시스템에서 소외되기 쉬운 집단들이 AI 교육에서도 배제되지 않도록 특별한 관심과 지원이 필요하다(Wang & Cheng, 2021).

세 번째 원칙은 참여의 보장이다. 인지 역량의 분배 정책을 수립할 때 교육 당사자들인 학생, 교사, 학부모, 지역 사회의 목소리가 반영되어야 한다. AI 교육의 내용과 방법을 결정하는 과정에서 다양한 이해관계자들이 참여할 수 있는 민주적 거버넌스 체계를 구축해야 한다. 또한 AI 교육의 효과와 문제점을 지속적으로 모니터링하고 개선할 수 있는 피드백 시스템을 마련해야 한다.

네 번째 원칙은 지속 가능성이다. AI 기술의 급속한 발전에 따라 교육 내용과 방법도 지속적으로 업데이트되어야 한다. 따라서 일회성 교육이 아니라 평생에 걸친 학습을 지원할 수 있는 시스템을 구축해야 한다. 이를 위해서는 교사들의 전문성 개발, 교육 과정의 유연한 개편, 산학연 협력을 통한 교육 혁신 등이 필요하다.

마지막으로 인지 역량 분배에서는 글로벌 차원의 협력도 중요하다. AI 기술과 교육 자원의 국가 간 격차가 확대되지 않도록 국제적 차원에서의 교육 협력과 기술 이전이 필요하다. 선진국의 AI 교육 노하우와 자원을 개발 도상국과 공유하고 전 지구적 차원에서 AI 리터러시의 격차를 줄이려는 노력이 중요하다. 이는 궁극적으로 AI 시대의 글로벌 교육 정의를 실현하는 길이기도 하다.

결론적으로 AI 시대의 교육 혁명은 기술적 혁신과 사회적 혁신이 결합되어야 진정한 의미를 갖는다. 비판적 AI 리터러시 교육의 체계적 설계, AI 기술을 활용한 교육 불평등 해소, 인지 역량의 공정한 사회적 분배를 통해 모든 사람이 AI 시대의 혜택을 누릴 수 있는 교육 환경을 조성해야 한다. 이러한 노력을 통해 AI 기술이 교육 불평등을 심화하는 도구가 아니라 모든 인류의 학습과 성장을 지원하는 공공재로 기능할 수 있을 것이다. 앨빈 토플러(Alvin Toffler)가 예견했듯이 변화에 적응하고 새로운 것을 배울 수 있는 능력이야말로 AI 시대를 살아가는 모든 사람에게 필요한 핵심 역량이며, 이를 모든 시민이 공평하게 갖출 수 있도록 하는 것이 우리 시대의 교육적 사명이다.

참고문헌

Chen, L. et al.(2020). Artificial intelligence in education: A review. *IEEE Access, 8*, pp.75264~75278.

Holstein, K. et al.(2019). Co-designing a real-time classroom orchestration tool to support teacher-AI complementarity. *Journal of Learning Analytics, 6*(2), pp.27~52.

Noble, S. U.(2018). *Algorithms of oppression: How search engines reinforce racism*. NYU Press.

Rahwan, I.(2018). Society-in-the-loop: Programming the

algorithmic social contract. *Ethics and Information Technology, 20*(1), pp.5~14.
Toffler, A.(1970). *Future shock.* Random House.
Wang, Y. & Cheng, L.(2021). AI literacy and gender disparities in STEM education: A systematic review. *Computers & Education, 171*, 104244.

09
포용적 AI 설계: 기술적 접근과 공유지 원리

“기술은 사람들을 하나로 모을 때 가장 좋다.” AI 시대의 진정한 혁신은 소수를 위한 기술이 아니라 모든 사람을 포용하는 설계에서 나온다. 알고리즘 편향과 기술 독점이 새로운 불평등을 야기하는 현실에서 포용적 AI 설계와 공유지 원리를 통한 협력적 접근이 공정한 미래의 열쇠가 되고 있다.

AI와 화장품?

포용적 AI 설계 원칙과 기술적 구현 방법론

AI 시대의 불평등은 단순히 인터넷 접근 여부로 결정되었던 과거의 디지털 격차와 본질적으로 다르다. 알고리즘 격차는 접근성 문제를 넘어 AI 결정의 품질 격차까지 포함하며, 결과적으로 AI 혜택을 누릴 수 있는 집단과 그렇지 못한 집단 사이에 새로운 불평등의 단층선을 형성한다(Yu, 2020). 특히 AI를 이해하고 활용하는 능력의 차이에서 비롯된 인지적 격차는 기술 혁신의 혜택을 더욱 불균등하게 만들고 있다(Georgieva, 2024).

무엇보다도 AI 시스템 내부에 내재된 알고리즘 편향은 새로운 형태의 차별과 자동화된 불평등을 초래한다(Zajko, 2022). 인간의 편견이 스며든 학습 데이터로 훈련된 알고리즘은 의도하지 않더라도 특정 집단에게 일방적으로 불리한 결정을 내릴 수 있다. 예컨대 다양한 사회 영역에서 AI 점수화 시스템이 과거 데이터의 편향을 답습함으로써 취약 계층을 지속적으로 배제할 위험이 있다(O'Neil, 2016). 겉보기에는 알고리즘 결정이 객관적으로 공정해 보일 수 있지만 이는 공정성의 착시에 불과하며, 기술은 기존 불평등을 은폐한 채 재생산하여 평등의 역설을 초래할 수 있다.

이러한 문제의식에 따라 포용적 AI 설계 원칙이 대두

되고 있다. 포용적 설계란 다양한 이용자의 필요와 가치를 고려하여 AI 시스템을 구상하는 접근을 말한다. 여기에는 소수자와 취약 계층에 대한 공정성과 비차별성을 보장하기 위한 윤리 원칙과 기술적 조치가 포함된다. 이를 위해 개발 단계에서부터 다양한 데이터와 관점을 반영하고 알고리즘 편향 제거와 결과 투명성 확보를 위한 기법들이 활용된다. 포용적 AI 설계의 목표는 AI 기술이 특정 집단에 불리하게 작용하지 않도록 예방하고 모두에게 공정한 혜택을 제공하는 것이다. 또한 편향 감소 알고리즘, 공정성 지표 모니터링, 윤리적 AI 평가 프레임워크 등 다양한 구현 방법론을 활용하여 AI로 인한 혜택과 부담을 보다 평등하게 나누는 방향을 추구할 수 있다.

공유지 비극과 AI 커먼즈의 구축

AI 기술 발전 경쟁은 종종 참여자 모두에게 장기적으로 손해를 끼치는 공유지의 비극에 비유된다(Hardin, 1968). 각 기업이나 국가가 자체 이익을 극대화하기 위해 AI 개발에 속도를 내면 전체 사회가 감당해야 할 위험과 부작용이 누적되어 결국 모두에게 부정적 결과를 초래할 수 있다는 우려다. 예컨대 여러 주체가 데이터라는 공통 자원을 무분별하게 독점하면 사생활 침해와 사회적 신뢰

저하를 불러와 AI 부작용을 감당할 수 있는 사회의 공동 역량이 고갈될 수 있다(Hardin, 1968). 이는 마치 환경 오염 문제처럼 개별 행위자는 자신의 이익을 좇아 행동하지만 그 합이 사회 전체의 비극으로 귀결되는 상황과 유사하다.

그러나 이러한 디스토피아적 전망은 공유지를 효과적으로 관리하는 협력적 거버넌스를 통해 극복될 수 있다. 엘리너 오스트럼(Elinor Ostrom)의 연구는 공동체 협력을 통해 공유 자원을 지속적으로 관리할 수 있음을 보여준다(Ostrom, 1990). 이러한 통찰을 바탕으로 제안되는 것이 AI 커먼즈다. AI 커먼즈의 구축이란 데이터 세트, 알고리즘, 컴퓨팅 인프라 등 핵심 자원을 공동으로 개방 관리하는 새로운 생태계를 의미한다. AI 커먼즈에서는 협력적 거버넌스를 통해 AI 발전 방향과 사용 규칙을 결정함으로써 소수의 독점을 방지하고 AI 혁신 성과를 사회가 공유할 수 있다. 궁극적으로 AI 커먼즈 거버넌스는 AI 발전을 공동의 이익과 조화시키는 데 핵심적이다.

오픈 소스 AI와 분산형 AI 생태계, 다양성 친화적 AI 아키텍처와 맞춤형 공정성

AI 불평등을 완화하고 포용성을 증진하기 위해 오픈 소스 AI와 분산형 AI 생태계의 가치가 주목받고 있다. 최근 AI 연구 개발은 안전성과 상업성 탓에 폐쇄적으로 흐르고 있으나 알고리즘과 모델을 오픈 소스로 개방하면 투명성과 광범위한 참여가 확보되어 기술 포용성이 높아진다(Tarkowski, 2024). 중앙 집중적 거대 모델에 의존하지 않고 현지의 데이터와 필요에 맞춘 AI 모델을 개발·공유하는 분산화 전략은 AI 개발의 권력 집중을 완화하고, 다양한 맥락에 최적화된 설루션을 장려한다.

한편 AI 시스템의 설계에서는 지역적·문화적 다양성을 충분히 반영하여 단일한 글로벌 모델이 초래하는 편향을 줄여야 한다. 또한 맥락에 따라 공정성의 판단 기준이 달라지므로 각 도메인과 집단에 부합하는 맞춤형 공정성 전략이 요구된다.

요컨대 AI 시대의 평등을 실현하려면 설계 단계에서부터 포용성과 공공선의 원리를 중심에 두어야 한다. 알고리즘의 투명성과 책임성을 강화하고 사회적 다양성을 반영하며, 개방적인 협력과 공유지 관리를 통해 AI 혜택을 모두가 누리도록 해야 한다. AI 불평등의 뿌리는 자동화된 편향에 있지만 그 해결은 결국 인간의 집단 지성과 협력에 달려 있다. 포용적 AI 설계와 AI 커먼즈의 비전은 기술 혁신과 사회 정의를 통합함으로써 공정한 AI 생태계를 구현하려는 노력이다.

참고문헌

Georgieva, K.(2024). AI Will Transform the Global Economy. Let's Make Sure It Benefits Humanity. IMF Blog.

Hardin, G.(1968). The tragedy of the commons. *Science, 162*(3859), pp.1243~1248.

Mullenweg, M.(2005). WordPress philosophy and open source development. WordPress Foundation.

O'Neil, C.(2016). *Weapons of Math Destruction: How Big Data Increases Inequality and Threatens Democracy*. Crown.

Ostrom, E.(1990). *Governing the Commons: The Evolution of Institutions for Collective Action*. Cambridge University Press.

Tarkowski, A.(2024). Open source and the democratization of AI. In A. Krasodomski et al. (Eds.), *Artificial intelligence and the challenge for global governance: Nine essays on achieving responsible AI*. Chatham House.

Yu, P. K.(2020). The algorithmic divide and equality in the age of artificial intelligence. *Florida Law Review, 72*(2), pp.331~389.

Zajko, M.(2022). Artificial intelligence, algorithms, and social inequality: Sociological contributions to contemporary debates. *Sociology Compass, 16*(3), e12962.

10
AI 거버넌스와 평등한 미래 사회 설계

"평등은 단순히 기회의 평등이 아니라 능력의 평등이다." AI 시대의 진정한 평등은 모든 이에게 AI 접근권을 주는 것이 아니라 AI를 통해 자신의 잠재력을 실현할 수 있는 능력을 기르도록 돕는 것이다. 본서에서는 AI가 초래하는 새로운 형태의 불균형을 분석하고 능력 중심의 평등을 실현하기 위한 혁신적 거버넌스 설계 방안을 제시한다.

종교와 AI?

AI 시대 불균형의 새로운 양상

AI 기술의 확산은 기존 사회 경제적 구조를 근본적으로 변화시키고 있다. 과거 산업 사회의 격차가 물적 자본과 생산 수단의 소유 여부에 따라 결정되었다면, AI 시대의 격차는 지적 자본과 인지적 도구에 대한 접근성에 의해 좌우된다. 이는 단순한 디지털 격차를 넘어서는 차원의 문제다.

현재 AI 생태계는 소수의 거대 기술 기업이 핵심 인프라를 독점하는 구조로 발전하고 있다. 이들은 방대한 데이터, 고성능 컴퓨팅 자원, 우수한 인재를 기반으로 AI 기술의 발전 방향을 결정하고 있으며 그 결과 AI의 혜택은 특정 계층과 지역에 집중되고 있다(Rockall et al., 2025). 더욱 중요한 것은 AI 활용 능력의 차이가 개인의 경제적 성과뿐만 아니라 창조적 사고력, 문제 해결 능력, 학습 효율성 등 인간의 근본적 역량에까지 영향을 미치고 있다는 점이다.

특히 주목해야 할 것은 'AI 증강 인간'과 '전통적 인간' 사이의 격차다. AI 도구를 능숙하게 활용하는 사람들은 복잡한 분석, 창의적 작업, 의사 결정 등에서 압도적인 우위를 보이고 있으며 이러한 격차는 시간이 지날수록 기하급수적으로 확대되고 있다. 한 연구에 따르면 AI를 적극 활용하는 지식 근로자와 그렇지 않은 근로자 간의 생산성 격차는 최대 300%에 이르는 것으로 나타났다(de la Torre & Frazee, 2024).

이러한 불균형은 개인 차원을 넘어 지역, 국가, 세대 간 격차로도 확산되고 있다. AI 기술에 대한 접근성이 높은 선진국과 그렇지 못한 개발 도상국 사이의 격차, AI 네이티브 세대와 기존 세대 간의 인지적 격차, 대도시와 농촌 지역 간의 AI 인프라 격차 등이 복합적으로 작용하면서 다층적 불균형 구조를 형성하고 있다. 하지만 이는 기술 발전의 필연적 결과가 아니라 설계와 정책의 선택에 따라 충분히 달라질 수 있는 문제다.

혁신적 기술 설계: AI 접근성 균등화 아키텍처

균등한 기회를 제공하는 AI 사회를 위한 첫 번째 설계 원칙은 AI 기술에 대한 접근성을 높이는 아키텍처의 구축이다. 이를 위해 본서에서는 'AI 접근성 균등화 아키텍처(AI Accessibility Equalization Architecture)'라는 새로운 기술 패러다임을 제안한다.

첫째, 개인별 맞춤형 AI 어시스턴트 할당 시스템을 도입해야 한다. 이는 모든 시민이 개인의 학습 능력, 전문 분야, 관심사에 맞춰 최적화된 AI 어시스턴트에 접근할 수 있도록 하는 제도다. 마치 공교육이 모든 아동에게 학습 기회를 제공하듯 국가나 공공 기관이 개인별 AI 튜터, AI 업무 조력자, AI 창작 파트너 등에 대한 접근권을 보장하는 것이다. 중요한 것은 이러한 AI 어시스턴트가 개인의 경제적 능력이나 사회적 지위에 관계없이 동등한 수준의 지적 지원을 제공할 수 있도록 설계되어야 한다는 점이다.

둘째, 분산형 AI 네트워크를 통해 AI 자원의 민주적 접근을 실현해야 한다. 현재의 중앙 집중식 AI 서비스 대신 블록체인 기술을 활용한 분산형 AI 네트워크를 구축하여 개인과 커뮤니티가 AI 모델에 대한 접근권을 공유할 수 있도록 하는 것이다. 이를 통해 소수 기업의 독점이 아닌 분산된 AI 생태계를 조성할 수 있다.

셋째, AI 공유 경제 플랫폼을 통해 고비용 AI 자원에 대한 접근성을 높여야 한다. 개인이나 소규모 조직이 감당하기 어려운 고성능 AI 모델이나 컴퓨팅 자원을 공동으로 구매하고 공유할 수 있는 플랫폼을 구축하는 것이다. 이는 AI 기술의 민주화를 통해 혁신의 기회를 모든 계층에게 개방하는 효과를 가져올 것이다.

넷째, 적응형 AI 인터페이스 기술을 개발하여 사용자의 역량과 상황에 맞춰 AI 도구의 복잡성을 자동 조절하는 시스템을 구축해야 한다. 이는 AI 기술에 대한 접근 장벽을 낮추고 누구나 쉽게 AI의 혜택을 누릴 수 있도록 하는 핵심 기술이다.

제도적·사회적 혁신: AI 다양성 확보제와 선택권 기반 거버넌스

AI 시대의 기회 균등을 실현하기 위해서는 기술적 설계와 함께 제도적 · 사회적 혁신이 필요하다. 이를 위해 본서에서는 'AI 다양성 확보제'를 핵심 제도로 제안한다.

AI 다양성 확보제는 AI 시스템이 생성하고 제공하는 데이터와 콘텐츠의 다양성을 보장하고, 사용자에게 획일적인 의사 결정 결과가 아닌 다양한 선택권을 제공하는 제도적 장치다. 현재 많은 AI 시스템이 알고리즘의 편향으로 인해 특정한 관점이나 문화적 배경에 치우친 결과를 제공하고 있다. 이는 사용자 사고와 선택의 폭을 제한하고 결과적으로 사회 전체의 다양성을 감소시킬 위험이 있다.

AI 다양성 확보제의 핵심은 AI 시스템이 단일한 '최적해'를 제시하는 것이 아니라 다양한 관점과 접근법을 포괄하는 여러 선택지를 제공하도록 하는 것이다. 예를 들어 AI가 교육 콘텐츠를 추천할 때 특정 학습 방법론에 편중되지 않고 다양한 교육 철학과 방법론을 균형 있게 제시해야 한다. 또한 AI가 뉴스나 정보를 큐레이션할 때도 다양한 정치적, 사회적 관점을 포함하여 사용자가 스스로 판단하고 선택할 수 있는 여지를 제공해야 한다.

이를 위해서는 AI 개발 과정에서 데이터 수집 단계부터 다양성을 확보해야 한다. 특정 지역, 계층, 문화권의 데이터에 편중되지 않고 전 세계 다양한 배경의 데이터를 균형 있게 포함하는 것이다. 또한 AI 모델의 훈련 과정에서도 다양성 지표를 포함하여 편향을 최소화하고 다원적 결과를 생성할 수 있도록 설계해야 한다.

사회 문화적 차원에서는 'AI 디지털 시민권' 개념을 도입해야 한다. 이는 모든 시민이 AI 기술에 대해 갖는 기본적 권리와 의무를 규정하는 새로운 시민권 개념으로 AI 기술에 대한 접근권, AI 의사 결정에 대한 설명 요구권, AI 시스템의 편향에 대한 이의 제기권, 다양한 AI 선택지를 제공받을 권리 등을 포함한다. 동시에 AI를 윤리적으로 사용할 의무, 다른 시민의 AI 권리를 존중할 의무, AI 사회의 다양성 증진에 기여할 의무 등도 함께 규정된다.

세대 간 AI 연대 체계 구축도 중요한 사회적 설계 요소다. AI 네이티브 세대와 기존 세대 간의 격차를 해소하기 위해 '세대 간 AI 협력 프로그램'을 전국적으로 확산시켜야 한다. 젊은 세대가 고령층에게 AI 활용법을 전수하고 고령층은 인생 경험과 지혜를 바탕으로 AI의 올바른 활용 방향을 제시하는 상호 보완적 학습 체계를 만드는 것이다.

'AI 리터러시 교육 확산제'를 통해 모든 시민이 AI 시대에 필요한 기본 소양을 갖출 수 있도록 기회를 제공해야 한다. 이는 단순한 기술 사용법을 넘어 AI 원리 이해, 비판적 사고, 윤리적 판단, 다양한 선택지에 대한 평가 능력 등을 포괄하는 종합적 교육이다. 특히 AI와 협력하는 능력, AI의 한계를 인식하는 능력, AI 없이도 독립적으로 사고하는 능력 등을 균형 있게 기를 수 있도록 설계되어야 한다.

통합적 거버넌스와 지속 가능한 기회 균등 체계

AI 거버넌스와 기회 균등한 미래 사회 설계의 핵심은 기술적, 제도적, 사회적 요소들이 유기적으로 연결되는 통합적 체계를 구축하는 것이다. 이를 위해서는 무엇보다 장기적 관점에서 지속 가능한 기회 균등 체계를 만들어야 한다.

우선 'AI 접근성 지수'를 개발하여 사회의 AI 격차 수준을 정기적으로 측정하고 평가해야 한다. 이 지수는 AI 접근성, 활용 능력, 선택권 다양성, 의사 결정 참여 등 다차원적 지표를 포함하며 정책의 효과를 평가하고 개선 방향을 제시하는 나침반 역할을 한다.

'AI 다양성 거버넌스 위원회'를 설치하여 AI 관련 정책의 수립과 시행 과정에서 시민 참여를 보장해야 한다. 이 위원회는 다양한 계층, 연령, 지역, 전문 분야의 대표들로 구성되며 AI 기술의 사회적 영향을 지속적으로 모니터링하고, 다양성과 기회 균등 관점에서 정책을 평가하는 역할을 담당한다.

또한 글로벌 차원에서의 AI 협력도 필요하다. AI 기술의 국가 간 격차가 새로운 형태의 디지털 불균형으로 이어지지 않도록 국제적인 AI 접근성 협약을 체결하고 기술 공유, 인재 교류, 공동 연구 등을 통해 전 지구적 기회 균등을 추진해야 한다.

마지막으로 AI 혁신의 성과가 사회 전체에 공유될 수 있는 '공공 AI 인프라' 구축이 필요하다. 이는 국가나 지방 자치 단체가 직접 운영하는 AI 서비스를 통해 모든 시민이 기본적인 AI 혜택을 누릴 수 있도록 하는 공공재적 접근이다. 마치 도로, 전기, 상하수도와 같은 기본 인프라처럼 AI 서비스도 공공재로서 제공되어야 한다는 관점이다.

결론적으로 AI 거버넌스와 기회 균등한 미래 사회 설계는 기술 결정론도 사회 결정론도 아닌 기술과 사회의 공진화적 접근이 필요한 영역이다. AI 기술이 인간의 존엄성과 다양성 가치를 실현하는 도구가 되기 위해서는 지금부터 체계적이고 포괄적인 설계가 이루어져야 한다. 완전한 평등이 아니라 공정한 기회와 다양한 선택권을 보장하는 AI 사회를 만들어 가는 것, 이것이 우리가 추구해야 할 방향이다.

참고문헌

Crawford, K.(2021). *Atlas of AI: Power, politics, and the planetary costs of artificial intelligence*. Yale University Press.

de la Torre, A. & Frazee, J.(2024). Bridging the AI divide: A call to action. Inside Higher Ed.

Eubanks, V.(2018). *Automating inequality: How high-tech tools profile, police, and punish the poor*. St. Martin's Press.

Gonzales, S.(2024). AI literacy and the new digital divide: A global call for action. UNESCO.

Harari, Y. N.(2018). Why technology favors tyranny. *The Atlantic*.

O'Neil, C.(2016). *Weapons of math destruction: How big data increases inequality and threatens democracy*. Crown.

Rockall, E. J. et al.(2025). AI adoption and inequality(IMF

Working Paper No. 2025/068).
Sen, A.(1992). *Inequality reexamined.* Oxford University Press.
Winner, L.(1980). Do artifacts have politics? *Daedalus, 109*(1), pp.121~136.

유지연

상명대학교 휴먼지능정보공학전공 교수다. 고려대학교에서 정보공학 박사 학위를 받았으며, 정보통신정책연구원(KISDI)에서 부연구위원으로 활동했다. 디지털 기술과 사회의 접점을 깊이 통찰하며 기술의 복합적 위험 구조를 분석하고 공학적 해법을 정책으로 연결하는 데 기여해 온 공학자다. 디지털 사회의 전략적 대응과 위험 관리에 관해 25년간 연구해 왔으며, 최근에는 인공지능의 신뢰성과 국가적 차원의 안전성 확보에 주목하고 있다. 연구 경력 초기에는 정부출연연구기관에서 초연결 사회의 디지털 하이브리드 위험 패러다임에 관한 기술 전략을 수립하고 국가 미래 전략 시스템 연구를 주도했다. 이 과정에서 디지털 기술의 공학적 설계와 사회적 응용 간의 균형점을 찾아내며 혁신적인 접근법으로 주목받았다. 이후 학계로 진출해 디지털 하이브리드 위험 관리 이론을 체계화했으며 점차 인공지능 시스템의 기술적 신뢰성, 공급망 보안 강화를 위한 엔지니어링 프레임워크 연구로 영역을 확장했다. 한국인터넷윤리학회 회장으로 활동하며 다학제 간 협업을 통해 디지털 기술의 복합적 영향력을 다각도로 분석해 왔다. 공학적 기여로 기술 정책 분야에 새로운 패러다임을 제시했다는 평가를 받고 있다. 저서로는 《20개의 핵심 개념으로 읽는 디지털 기술 사회》(2022), 《디지털 사회 기본 가치》(2023) 등이 있으며, 국내외 학술지와 매체에 100편 이상의 연구 논문과 저술을 발표했다.